NHK BOOKS
1278

公共哲学入門
――自由と複数性のある社会のために

saito jun-ichi
齋藤純一
yazawa masashi
谷澤正嗣

NHK出版

はじめに

「閉じていない」探究

「公共哲学」という科目がいくつかの大学に設置されてから二十年ほどが経とうとしている。二〇二二年度には高校のカリキュラムにも「公共」が必修科目として設けられるようになった。この科目は、シティズンシップ教育、つまり「公民としての資質・能力を育成すること」を目標としている。この科目の学習内容は、法、政治、経済、（持続可能性のある）社会について基本的なリテラシーを向上させることにあるが、それに先立ち、異なった人びとが同じ社会――「公共的な空間」とも表現される――に共に生きるとはどういうことかに再認識を促すパート（「公共の扉」）が位置づけられている。

私たちは、生き方を互いに異(こと)にしながらも、どうしたら一つの社会に共に生きていくことができるのか。これは、まさに「公共哲学」（public philosophy）の根幹をなす問いでもある。公共哲学がどのような特徴をもつ学問であるかを、「閉じていない」という言葉を用いて考えてみたい。

第一に、公共哲学が考察しようとする対象（問題領域）が「閉じていない」。この学問が扱うのは、私的には——個人や特定の集団の力では——コントロールしがたい事柄である。そのなかには気候変動や新興感染症あるいはグローバル化した金融市場のように国家の力でも対処しがたい問題が含まれている。

このように、公共哲学が扱うのは、人びとが協働することなしにはそもそも対処することができない問題であり、その協働をどのように編成すべきか、そして、その編成が人びとにとって受け入れることのできるものかどうか、が探究される。

第二に、公共哲学の担い手も「閉じていない」。課題を解決に導こうとする探究それ自体も広く協働して行われる必要があるからである。もちろん専門家（理論家）が果たすべき役割がないわけではないが、その貢献は限られている。解決を要する問題についての理解や認識、そして解決に向けて示されるアイディアは一様ではない。そうした多様な認識やアイディア、言いかえれば「認知的多様性」（cognitive diversity）の利点を活かしていくことが、公共哲学の探究には求められる。

その意味で、公共哲学は、そもそも私たち市民にとって外在的な学問ではありえない。その探究は、人びとが歴史のなかでこれまで重ねてきた経験や実践＝慣行（practice）から出発する。そのなかには私たちが妥当なものとして受け入れるにいたった、共有された判断や確信が含まれている。そうした判断や確信は繰り返される闘いを通じて獲得され、定着してきたものであり、たとえば奴隷制も数世紀前までは不正であるとは思われていなかった。人種差別（racism）や性差別（sexism）が不正であるという判断が定着したのも、さほど昔の話ではない。

第三に、公共哲学という探究のプロセスも「閉じていない」。共通の判断や確信がこれまでラディカルに問い返されてきたという事実は、いまいだかれている判断や確信がそのまま肯定できるわけではないということを示唆している。男女の異性愛カップルだけがまともだという確信はいま現在進行形で問い直されている。「性的指向」や「性自認」は、しばらく前までは馴染みのない言葉だったが、これらの言葉によって、異性愛中心主義の規範が押し込めてきた不正に光が当てられるようになった。

公共哲学の探究は、私たちがいだいている判断や確信から出発しながらも、批判的な距離をとってそれらが本当に妥当かどうかを問い直してみるという反省を含んでいる。「哲学」の役割の一つは、そうした反省を自覚的に遂行し、諸々の判断や確信に整合性があるかどうかを検討し、不整合があればそれを指摘することにある。ジョン・ロールズやユルゲン・ハーバーマスの議論には、目下のところ支配的な見解から距離をとるための手続きが含まれている（「原初状態」や「討議」である）。

そうした反省を可能にし、促すのは、私たちの間で行われる理由の交換、理由の検討（public reasoning）である。私たちがある問題についていだく意見や判断はたしかに「いろいろ」である。しかし、「いろいろ」な見方があるという確認だけで終わるなら、解決をさぐる協働の探究は始まらず、問題はそのまま放置されてしまうだろう。意見や判断の根拠となっている情報や理由が確かなものかどうか、言いかえれば、理にかなった仕方で退けられないものであるかどうかを検討することを通じて、より妥当な意見や判断をそうではない意見や判断から区別していくプロセスが必要になる。

公共哲学は、そのような検討に際して、共有できる確かなものがあるということをいわば当てにしている。実証的な研究によって争いがないと認められたエヴィデンスや、歴史的な研究によって真実であるとされた事実認識があり、それらを私たちは根拠や理由を検討する際に参照する。もちろんエヴィデンスや歴史認識にしても修正を免れているわけではないが、修正を迫るだけのものが現れないかぎり、公共哲学は、それらにもとづいてより妥当な意見や判断を識別するための理由の検討を行う。公共哲学は、このように学問としても「閉じていない」。それは、事実を正確にとらえようとする経験的な他の諸学問と協働している。

なぜ「自由」と「複数性」なのか

本書のサブタイトルに挙げた「自由」と「複数性」も、「閉じていない」探究という公共哲学の特性と分かちがたく結びついている。

「自由」(freedom) とは、端的には、「動く」こと、「制約を脱する」ことができる、ということを意味している。そもそも、公共的な事柄への関心は私的な関心事からいったん離れてみるという動きなしには導かれない。取り組むべき問題の時間的・空間的な拡がりを考慮するなら、「いま・ここ」の偏狭を脱してみる動きも必要になる。そして、ある関心事について互いの情報や意見を照らし合わせ、検討するというコミュニケーションに参入するという動き、また、もし自分が違った立場にいたら、同じ問題をどのように違った仕方で受けとめるだろうかというヴァーチャルな視点の移動も必要である。公共哲学の探究は、こうした数々の動きから成り立っている。

そして、自由は、その探究にあって優先されるべき根本的な価値の一つである。自分の生を自分で生きる自由が「みんなのため」の犠牲にされるような——かつてなくはなかった——社会が探究されるわけではない。公共哲学が問おうとするのは、人びとの間で自由な生き方が相互に可能となるための条件はいかなるものか、そうした自由の両立はどのような制度や規範によって保障されうるか、である。

「複数性」(plurality)は、何か「単一のもの」には閉じられないということを指すために用いられる言葉である。いま述べた動きや生き方の自由が保障されていれば、私たちの共有する世界は多元的なものとならざるをえない。生き方はさまざまに異なり、それぞれの仕方で自らの価値を追求する動きが生まれてくる。それらを何か「一つのもの」(として表象されるもの)によってまとめ上げようとすれば、必ずや抑圧が避けられなくなる。単一の「民族」、単一の「宗教」、単一の「イデオロギー」などによって複数性を廃棄しようとした暴力と抑圧の歴史的経験を、公共哲学は踏まえている。

違いが尊重され、複数性が肯定されるかぎり、意見の不一致は、公共的な生(public life)の恒常的な条件となる。言いかえるなら、同一の事柄について意見が分かれるのは正常なことであり、何か一つの見方に凝り固まっている事態こそ異常である。問われるのは、「他のようにある」、「他のようにあろうとする」自由とそれが導く根本的な複数性を維持し、それらを抑圧することのない社会のあり方をどのように構想するかである。

自由と複数性のある社会を擁護するためには、異なったものの共存を不可能にし、別様の生き方を抑え込むものを避けることのできる制度をいかに安定したものとして築けるかが鍵をにぎる。

その時々の妥協形成に終始しない、たんなる力のバランスに頼ることのない、そして復元力のある社会の安定性を探ることが公共哲学の課題である。

公共哲学は、自由と複数性のある社会を展望しようとする。とはいえ、その問いは、支配や抑圧のない社会の制度をいかに構想できるかには限られない。公共哲学の問いは、道徳的な正－不正のみならず、どのような生活環境や文化を共有することがより望ましいのか、追求すべき目的の実現をはかる際にどのように手段や資源を編成することが効果的／効率的かにも及ぶ。善－悪にかかわる倫理的な問い、効果／効率にかかわる実用的な問いも、協働で探究されるべき重要な問いである。

本書の構成

以下本書は、次の構成に沿って考察を進めていく。

まず、公共哲学が探究する公共的な事柄とは何なのかについて理解を深め（第一章）、近代における公共哲学の歴史を振り返り、公共哲学の探究が踏まえるべき論点を明らかにする（第二章および第三章）。

それを踏まえ、功利主義、リベラリズム、リバタリアニズム、ケイパビリティ・アプローチという現代の主な公共哲学を取り上げ、どのような論点に理論的な対立が見られるのかを考察する（第四章から第七章）。

そして、経済的・社会的格差の拡大、生活保障の後退と将来への不安、リベラル・デモクラシーの機能不全、なおも続くジェンダー間の格差、貧困や気候変動などのグローバル・イシュー、これら私たちの社会が直面している諸課題に公共哲学がどのように応答することができるのか、について検討する（第八章から第十三章）。

目次

はじめに 3
「閉じていない」探究／なぜ「自由」と「複数性」なのか
本書の構成

第一章 公共哲学は何を問うのか 21

第一節 公共圏の現状と課題 21
公共圏の断片化／公共哲学の課題

第二節 「公共的」は何を意味するか 24
「公共的」の主要な意味合い／公共圏の用法
公共的理由・公共的正当化

第三節 公－私区分の問い直し 32
公－私の境界／公共性と排除
公共性をめぐる近年の言説

第二章　公共哲学の歴史Ⅰ　39
第一節　カントの公共哲学　39
継承されるカント／理性の公共的使用
公開性の原理／パターナリズム批判と「公共の福祉」
根源的契約の理念／植民地主義批判
第二節　「大衆」をめぐる公共哲学　46
同調圧力と議会的公共性の空洞化／リップマンとデューイ
シュンペーターのデモクラシー論
第三章　公共哲学の歴史Ⅱ　55
第一節　アーレントの公共哲学　55
公共性理解の反転／複数性について／政治権力の多元性／政治的自由
世界への関心／「事実の真理」の尊重
第二節　ハーバーマスの公共哲学　64
公共性のモデル／討議デモクラシーの構想
デモクラシーを通じた社会統合／公共性のさらなる構造転換

第四章　功利主義の公共哲学　75

第一節　功利主義とは何か　75
功利主義の常識的理解／三つの特徴による定義／功利主義の類型
第二節　功利主義の古典理論　81
ベンサム／J・S・ミル
第三節　現代の功利主義　84
功利主義の政治
リチャード・M・ヘアの功利主義——二層理論と普遍的指令主義
ピーター・シンガーのラディカルな功利主義
第四節　功利主義に対する批判　88
ロールズの功利主義批判／その他の批判
第五節　公共哲学としての功利主義　92
大雑把な功利主義／国家の正当化／公職者の職業倫理

第五章　リベラリズムの公共哲学　95

第一節　リベラリズムとは何か　95
リベラリズムの多義性／リベラリズムの条件

第二節　ロールズの正義論の概要　98
ロールズの基本的な観念／原初状態
無知のヴェールとマキシミン・ルール／正義の二原理
功利主義が選ばれない理由
福祉国家批判と財産所有のデモクラシーの構想

第三節　政治的リベラリズムへの「転向」？　110
『正義論』とリベラリズム／一九八〇年代以降のロールズ
正統性と正義／リベラリズムと公共的政治文化

第六章　リバタリアニズムの公共哲学　115

第一節　リバタリアニズムとは何か　115
リバタリアニズムという言葉／リバタリアニズムと保守主義・ネオリベラリズム

第二節　ハイエクの自生的秩序論　117
ハイエクと古典的リベラリズム／集産主義批判

自生的秩序としての市場の擁護／社会正義の否定
第三節　ノージックの最小国家論　122
ノージックとリバタリアニズム／個人の不可侵の権利／最小国家の正当化
権原理論／分配の原理／ロールズとノージックの対比
第四節　ノージック以後のリバタリアニズム　132
新しいリバタリアニズムまたは「新古典的」リベラリズム
経済的自由の位置づけ／対立点と共通点
第七章　ケイパビリティ・アプローチの公共哲学　137
第一節　ケイパビリティ・機能・自由　137
ケイパビリティとは何か／機能とケイパビリティ
自由とケイパビリティ／批判の対象
ケイパビリティ・アプローチの利点
第二節　センの正義論　145
センと平等主義／比較アプローチ
共感とコミットメント

第三節　ケイパビリティをどう測るか　150
人間開発指数と多次元貧困指数／ジェンダーとケイパビリティ・アプローチ
第四節　ケイパビリティのリスト化　153
ヌスバウムのリスト／リスト化の問題性と可能性

第八章　平等論と公共哲学　159
第一節　不平等という問題　159
格差の拡大／不平等はなぜ問題か
第二節　二つの平等主義　163
運の平等主義と関係論的平等主義
第三節　平等化の理論　167
何の平等をどのように実現するか？／報酬の違い
制度と相互行為

第九章　社会保障の公共哲学　175
第一節　社会保障をめぐる状況の変化　175

社会保障とは何か／二十世紀の福祉国家
福祉国家の再編／日本の社会保障

第二節　社会的連帯の理由　180
二種類の連帯／生の動員／生のリスク／生の偶然性
生の脆弱性／生の複数性／自律と平等
合理的エゴイストの問題

第三節　新しい連帯の仕組みの展望　188
現行の社会保障の難点と再編への指針／新しい制度の提案

第十章　デモクラシーの公共哲学Ⅰ　197

第一節　現代におけるデモクラシー　197
デモクラシーとは何か／デモクラシーの多義性
制度としてのデモクラシー／代表制・代議制デモクラシー
立憲デモクラシー／リベラル・デモクラシー

第二節　デモクラシー論の熟議的転回　206
熟議という言葉／選好だけを重視してよいのか
多数決だけでよいのか／熟議の仕組み
熟議の意義／熟議デモクラシー批判

第十一章　デモクラシーの公共哲学Ⅱ　221

第一節　ポピュリズムの台頭　221
「リベラルではない」デモクラシー／ポピュリズムの特徴
構築主義的な代表論

第二節　「正しい」帰結を求める政治　228
「正統性」と「正しさ」／エピストクラシーの構想
ロトクラシーの構想

第三節　デモクラシーの擁護　234
政治的手続きの価値／なぜデモクラシーか？

第十二章　フェミニズムの公共哲学　241

第一節　公共哲学としてのフェミニズム　241
フェミニズムとは何か
フェミニズムと功利主義、リベラリズム、リバタリアニズム
フェミニズムと平等／フェミニズムと社会保障

第二節　ジェンダーの概念　247
ジェンダーとは何か／ジェンダーとセックス

第三節　家父長制の概念　250
家父長制とは何か／家父長制概念の意義
第四節　ケアの概念　253
ケアとは何か／ケアの倫理の立場からのリベラリズム批判
キテイのロールズ批判／ケアの正義論／ケアの正義論への疑問

第十三章　国際社会における公共哲学　263

第一節　国際社会における正義　263
グローバル・イシュー／国際社会における規範
国際社会における不正義と責任／人権——正-不正の基準
第二節　分配的正義の構想　271
ロールズの「諸人民の法」の構想／コスモポリタニズムによる批判
公共的な資源創出の構想／ヒトの移動
第三節　国際社会における公共圏　280
国際社会におけるデモクラシー／グローバルな公共圏
世代間正義

おわりに 287
参考文献 293
あとがき 321

校　閲　髙橋由衣
ＤＴＰ　㈱ノムラ
図版提供　ＰＰＳ通信社
96・161頁　Getty Images
223頁　朝日新聞社

第一章
公共哲学は何を問うのか

第一節　公共圏の現状と課題

公共圏の断片化

今世紀に入る頃から、ＩＣＴ（Information and Communication Technology）の急速な発展に伴いコミュニケーションのデジタル化が進んだ。ＳＮＳ（Social Networking Service）がそうであるように、私たちのコミュニケーションの多くはプラットフォームを経由する仕方で行われるようになってきた。そうしたプラットフォームは、情報を選別することもなく編集することもない。どれが「フェイク」かもにわかには特定できないまま、私たちは膨大な情報にさらされている。

『公共性の構造転換』(一九六二年)の著者ユルゲン・ハーバーマスは、近年の論文で、デジタル・メディアの登場と急速な普及は、かつての出版メディアのそれに匹敵するようなラディカルな変化を公共圏に及ぼしたと見る。出版メディアは、読書する公衆＝論議する公衆を生みだした。「公共の関心事」(res publica = public things)を共有する人びとの範囲は一挙に拡がり、その関心事をめぐって人びとは情報や意見を交換し、互いの意見の検討を経て「公共の意見」＝「世論」(public opinion)を形成した。「公共圏」(public sphere)とはそのような公共の関心事をめぐる情報・意見交換のネットワークを指す。

ハーバーマスによれば、出版メディアがすべての人を「潜在的な読者」にしたとすれば、電子メディアはすべての人を「潜在的な著者」とした。いまや誰もが言葉や映像を公共圏に向けて発することができるようになった。公共圏の範囲は拡がり、しかもほとんどコストのかからないアクセスが可能になった。しかし、こうした公共圏の「さらなる構造転換」は、はたして排除のない包摂をもたらしているだろうか。

ハンナ・アーレントは、『過去と未来の間』(一九六一年)において、公共的空間を、私たちが「行いや言葉において他者と出会う」ミーティング・プレイスとして描いた。そこで出会う他者は自らとは異なったパースペクティヴや意見をもつと想定されているが、デジタル化した公共圏はそのような出会いを促しているだろうか。私たちが「出会う」のは同じような考えをもつ人びとであり、意見や生き方を大きく異にする人びととの出会いは「フィルタリング」によってあらかじめ遮られている。そうした同類集団は、「エコー・チェンバー」とも呼ばれるように、内に閉じがちなコミュニケーションの空間を「島」のように形成している。かりにそうした閉域を越えるような「出会い」が起こるとしても、それは、意見交換を通じた意見形成の「パートナー」ではなく、論破されないよう身構えなければならない「敵」との遭遇かもしれない。

互いにほとんど媒介されることがないまま準公共圏（semi-publics）が断片化して併存しているのが現状であるとすれば、私たちの「間」に存在する――自覚するか否かにかかわらず私たちが共有している――諸問題についてどのようにして意見形成、意思形成をはかっていくことができるだろうか。

公共哲学の課題

実際、私たちの「間」には、協働して取り組むべき問題が文字通り山積している。地球温暖化に起因する気候変動、新型コロナウイルスなどの新興感染症の登場、そしてウクライナへのロシアの軍事侵攻とそれに伴う安全保障環境の変化などは、私たちの生存・生活に直結する問題としていまたしかに公共的な注目（public attention）をあつめている。

私たちの「間」という場合、それは空間的な「間」には限られない。気候変動が典型的にそうであるように、公共的なものは将来に生きる人びととの「間」、そして過去に生きた人びととの「間」にも関わっている。私たちの関心はどうしても「いま・ここ」に傾きがちだが、公共的なものはそれを超えた拡がりをもっている。

私たちは、公共的なコミュニケーションの断片化という、望ましいとは言えない環境に置かれているが、その一方で、時間的にも空間的にも「いま・ここ」を超えた諸問題への対応を迫られているのである。公共哲学は、どのような指針を私たちの探究に提供してくれるだろうか。まずは、「公共的」（public）のいくつかの意味合いを整理しておきたい。

第二節　「公共的」は何を意味するか

「公共的」の主要な意味合い

「公共的」の第一の意味は記述的である。『公衆とその諸問題』（一九二七年）の著者ジョン・

デューイによれば、公共的であるとは、人びとの相互作用が直接の関与者を超えて制御を要するような重大な影響を第三者に及ぼす事態を指す。言いかえれば、それは、私たちの「間」にある問題が、人びとが直接制御できる範囲を越えるような拡がりと複雑な質をもっていることを指す。たとえば、「公衆衛生」と訳される"public health"は各人の努力では達成できない健康であり、それを脅かすパンデミックには一部の人びとのローカルな制御では太刀打ちできない。

対照的に、「公共的」の第二の意味は規範的である。「公共性が欠けている」あるいは「公共性がない」などと言われるとき、特定の誰かのものではない事柄が一部の者に専有されたり、その利益のために用いられている事態、あるいは、一部の者の利益や価値のみが考慮に入れられ、他の人びとのそれが無視ないし軽視されている事態を意味する。

政府が行う事業は慣例的に「公共事業」と呼ばれるが、その事業にどれほどの「公共性」(公共的価値)があるかはしばしば疑問である。水資源を確保するはずだった巨大なダムや干潟を農地に変えるはずだった長大な堤防についていえば、その事業を正当化する理由は、いずれも治水による安全性の確保に変わった。政府は公共的価値を実現する正統な権限をもったアクターであり、その活動は強制力によっても支えられているが、その活動に「公共性」があるか否かはまた別の問題である。

「公共的」の第三の意味は、人びとのアクセスに対して開かれているという意味である。ドキュメンタリー映画にもなって注目された「ニューヨーク公共図書館」は公立の図書館ではないが（この図書館は市の出資を含む基金や寄付によって運営されている）、広く「公衆」（the public）の利用に開かれているという意味でパブリックである。公園の「公」も誰によるアクセスも排除しないことを指すが、近年では利用への課金などによって実質的に一部のアクセスに閉じられる事態も散見されるようになった。

一般のアクセスに開かれているという意味での「公共的」は、「公開性」ないし「公知性」（publicity）という言葉によっても表現される。次章で取り上げるように、イマヌエル・カントは市民の権利・義務に関わる法を正当化する理由を公開するように求めた。その理由が公開されないなら、市民によるチェックが利かなくなり、市民の基本的な権利を制約するような法が制定されるおそれが生じるからである。

そして、「公共的」の第四の意味は、私たちが共有している政治社会の制度や政策に関わっている。そうした制度や政策は、私人による努力によっては実現することができず、公共の制度や政策によってはじめて実現されうる価値、つまり「公共的価値」（public values）をもたらすためにある。

公共的価値は、いわゆる「公共財」（public goods）を含むがそれには還元されない。治安や消防などを典型とする公共財は、私的な財やサーヴィスとは異なり「非排除性」（特定の人の利用を排除できない）および「非競合性」（追加費用なしに誰もが便益を享受できる）を特徴とする財やサーヴィスである。

公共的価値のうちで最も重要と思われるのは、憲法をはじめとする法律によって保障される基本的な自由や権利である（後に触れるようにジョン・ロールズはそうした公共的価値を「政治的価値」と呼ぶ）。古典古代以来の言葉であり日本国憲法でもキータームとして用いられている「公共の福祉」（salus publica; public welfare）は、多数者の幸福を求める規範ではなく、ある人びとの自由や権利の行使によって他の市民の自由や権利が損なわれるのを防ぐことを求める規範として理解できる。日本の憲法学でも、「公共の福祉」を権利と権利の競合を調整する規範と解する「一元的内在制約説」が主流だが、公衆衛生など市民一般にとっての福祉のために一部の権利を制約しうる規範と解する有力な立場もある。

基本的な諸権利という公共的価値が法的に保障されているときに、私たちはそれぞれ自らが定義する幸福をそれぞれの仕方で追求する自由を享受することができる。そうした基本的な諸権利には、良心の自由などの市民的権利、選挙権などの政治的権利、これらの権利を実効的に行使するための生活条件を得る社会的権利が含まれる（自らがコミットする集団の生き方を保全する文化的権利がこれらに加えられる場合もある）。公共哲学は、人びとの幸福の内容を定義したり、それを実現するための学問ではなく、各人が自らの幸福を自ら追求するための条件について考える学問である。
「公共的」には、ある範囲に閉じないコミュニケーションを指す「公共圏」や「公共的領域」の用法があるが、これについては項をあらためて説明したい。

公共圏の用法

本書でも用いる「公共圏」は英語の"public sphere"の訳語であるが、漢字の「圏」には「囲われている」という含みがあり、必ずしも適切な訳語とは言えないところがある。人びとの情報交換・意見交換のネットワークは、全体として見れば、時間的にも空間的にも、特定の圏域に閉じてはいないからである。とはいえ、どのような主題をめぐる情報交換・意見交換なのかに応じて、ハーバーマスがそうしているように、「政治的公共圏」と「文芸的公共圏」を区別することは適切だし、たとえば「対抗的公共圏」という表現が目下支配的な――その言説が妥当なものとして受け入れられている――公共圏に対して挑戦する言説のネットワークを指すように、公共圏は、それがけっして一枚岩ではないことを理解するうえでも有益である。

本書では、主に、政治的な意見・意思形成にかかわる公共圏、つまり制度や政策のあり方をめぐる言説のネットワークである政治的公共圏を取り上げる。そして、その際、この公共圏は多元的であり、互いの間に抗争があることを前提とする。さまざまな公共圏の間には当然、利害関心や価値観をめぐる対抗関係がある。潤沢な資源をもった勢力ある公共圏もあれば、社会において周辺化されてきた問題に公衆の注目（public attention）を惹こうとする公共圏もある。生活のさまざまな場面で何らかの共通の関心事をめぐって、あるいは共通の関心事を新たにつくりだす仕方で継続的に議論が交わされるときに、公共圏は生まれると言っていいだろう。

　そうした議論は必ずしも対面でなされる必要はなく、オンラインの公共圏も現に数多く存在している。すでに触れたように、オンラインの公共圏は、公共的なコミュニケーションにとって両義的である。つまり、それは物理的、制度的な境界に制約されない情報交換・意見交換を促す一方で、異質な言説、不愉快な言葉との出会いを前もって避けることを可能にもしている。アーレントが強調するように、意見はあらかじめもたれるものではなく、意見と意見の交換を通じて形成されるものだとすれば、こうした出会いの制約は、ある閉じられた範囲で形成される意見を貧弱なものにしているかもしれない。

　「公共圏」の用法は言説のネットワークには限られない。公共圏は、街頭や広場でのデモや集会あるいは特定の象徴的な場所の占拠など、人びとが実際にからだをもって集い自分たちの意思を表明するかたちをとることもある。とりわけ正統性が疑われる現体制や推進されようとしている特定の政策への強い抗議はこのような「街頭公共圏」（street publics）のかたちをとってきた。

たとえば東欧の社会主義政権の崩壊時など歴史の大きな転換期には眼に見える具体的な公共圏が必ずと言っていいほど現れる。公共圏は、いわゆるアクティヴィズム（直接行動）とも結びつくのであり、人びとの注目と関心を当の問題に引き寄せ、公共的な関心事をつくりだす役割を果たしている。

公共的理由・公共的正当化

公共圏はしばしば大きな共同体とみなされることもあるが、公共圏と共同体ははっきりと区別されるべきである。というのも、制度をそなえる社会（政治社会）に生きる人びとがいだく価値観は多元的に分かれており、もし何らかの特定の価値観にもとづいて制度がつくられるなら、その制度はそれ以外の価値観をいだく人びとにとっては抑圧的なものとならざるをえないからである（かりに公的な財源で特定の宗教のモニュメントがつくられるなら大いに不満をもつ人びとが出てくるはずである）。対照的に、共同体（community）は、宗教など何らかの価値観を共有することによって人びとが結びついている集団を指す。通常、この種の共同体は一つの政治社会に多元的に存在している。

強制力をそなえる公共的な制度は、特定の価値観にもとづく理由によってではなく、価値観を異にする人びとが共に理解し、受容しうる理由によって正当化されなければならない。利害関心や価値観が異なっていても理解可能、受容可能な理由は「公共的理由」(public reason)、そうした理由にもとづく法や政策の正当化は「公共的正当化」(public justification)と呼ばれる。

分断された社会にあってそのような公共的理由にもとづく正当化などはたしてありうるのか、という疑問がもたれるかもしれない。気候変動に対処するために温暖化ガスの排出を規制する政策が検討されるとして、もっぱら自身の経済的利益を追求する私人として判断するなら、(追加的なコストを避けるため)その政策に当然異を唱えるはずである。しかし、制度を共有する市民として判断し、気候変動が他の人びとの生活や生業に及ぼしている深刻な影響を考慮するなら、その人は、温暖化ガスの排出規制を自ら自身の私的な利害関心には反するとしても(他の人もまたそうする用意があるという保証のもとに)受け入れることができる。市民には「自分のことを勘定に入れない」利他性は求められないとしても、相互に他の市民を考慮に入れることを通じて、利益の追求を自制するだけの用意は期待される。いまではあまり使われないが、「公共心」(public spirit)という言葉は、「自分のことだけを勘定に入れるのではない」、相互性のある態度を指すのにふさわしいかもしれない。

第三節　公－私区分の問い直し

公－私の境界

公私の区分はけっして固定化されてはいない。しかし、かなりの挑戦を受けない限り、従来の線引きは自明なものとみなされがちである。そうした線引きはある者を有利な立場にたたせ、権益を与えているからである。第十二章で見るように、フェミニズムの運動は「個人的なことは政治的である」(The Personal is Political) という標語を掲げて、男性を女性に優位させる公私区分に挑戦し、家庭など親密な関係に存在する（近代）家父長制を明るみにだした。

フェミニズムの挑戦によって従来は「私的な不運」(private misfortune) として耐え忍ばれてきた事柄も「公共的な不正義」(public injustice) としてとらえ返されてきた（たとえばドメスティック・ヴァイオレンスやハラスメント）。あるいはまた、主に家族の成員（しかもほとんどが妻・娘・嫁などの女性）が引き受けることを強いられてきた介護も不十分ながら社会化され、日本では介護保険の制度が設けられるにいたった。

私的なものが公共的なものとととらえ返されることだけが望ましいとは限らない。公共的なものとして扱われてきた事柄が私的なものとしてとらえ返されることもある（たとえば女性である妻を適用対象としていた姦通罪の廃止など）。どのような問題が公共的な事柄としてとらえ返されずにいるのか、あるいは逆に、どのような問題が依然として公共的なものとして扱われているのか。従来の公私の線引きを問題化しようとする具体的な動きには、注意深い対応が求められる。ジュディス・シュクラーが述べるように、それがたとえ「何かおかしい」という「不正義の感覚」の漠然とした表明から始まるとしても（『不正義の諸相』、一九九〇年）。

公私の区分はこのように流動的ではあるが、その違いが解消されるのはけっして望ましいことではない。自らの身体や情報への他者の恣意的なアクセスは遮断されなければならないし、先に言及したように、強制力をそなえる政治社会の制度が公共的ではない理由によって正当化されることは避けられなければならない。

公共性と排除

「公共的なもの」は、一部のもの、一部のためのものではなく、皆のもの、皆のためのものを指すと考えられるが、その「皆」はけっして自明ではない。むしろ暗黙のうちに、誰かを排除する仕方で閉じられていることがある。空間的に言えば、公共的なものはしばしば「国民的なもの」（the national）にあらかじめ閉じられて考えられてきたし、時間的に言えば、現在の世代とそれから数世代の範囲に閉じられてきた。したがって、「皆のため」は、ある内部を最適化することと同義となり、「皆のため」に貢献することはその外部を顧みないことを正当化する「道徳的な抜け道」(トマス・ポッゲ「道徳における抜け穴」)としても作用してきた。

気候変動もそうだが、累積した国家の債務にも先延ばし(将来世代への転嫁)の面が多分にある。軍事基地や原子力発電所、廃棄物処分場などの「負の財」は明らかに交渉力の弱い地域にシフトされてきた。いわゆる「迷惑施設」などの問題でも、どこかに必要なことは認めるものの「私たちのところにではなく」(Not in My Backyard)という主張が当たり前のように繰り返される。過去の歴史的不正義についても、賠償などの負担責任を避けるために、不正義を認め、謝罪することとそれ自体を避けようとする傾向が見られる。

このような内部最適化を避ける、ないし抑制するためには、「いま・ここ」での意思形成・決定が誰にどのような影響を及ぼすのかを考慮に入れ、その影響を被り(こうむ)うる者の視点をとってみること(perspective taking)が必要である。とはいえ、私たちは、実際の異論にさらされる対話の機会がなければ、自らを批判的に相対化するような視点はなかなかとりにくい。しかし、その対話のプロセスにしてもさまざまな排除を免れてはいない。

まず、定住外国人が選挙権-被選挙権をいまだもたないことに見られるような、有意ではない(irrelevant)理由によるメンバーシップからの制度的排除がある。加えてインフォーマルには、どのような言葉（語彙やトーンなど）で語るか、どのような事柄を話題にできるか、公共の議論に参加するための時間的資源が得られているかなどによって排除が生じている。そして、そもそも、ミランダ・フリッカーが指摘するように、どのような属性の人が発言するかによって発言内容の信憑性を引き下げるような仕方での排除も存在する（『認識的不正義』、二〇〇七年）。

このように現実の公共圏はさまざまな排除を伴う仕方で閉じており、その排除にどのような理由があるのかを問い返すことが、正当化できない排除を特定し、アクセスを開いていくためには重要である。

公共性をめぐる近年の言説

公共哲学がいまどのような歴史的文脈にあるかを理解するために、この数十年有力であったと考えられる三つの言説を挙げたい。

第一に、戦後日本の政治思想の重要な潮流であった市民社会論においては、「官」としての「公」という公共性理解が早くから問題化されてきたが（たとえば丸山眞男など）、一九八〇年代末から活発になった主にヨーロッパでの市民社会論を受けて、国家や市場から区別される「市民社会」（civil society）における公共性の意義が強調されるようになった。それに伴い、福祉国家のクライアント（社会保障の受給者）や市場での消費者としての役割にとどまることなく、政治的争点の形成やアジェンダの設定、国家の活動に対する批判的監査、そして公共的な財やサーヴィスの提供などの面で能動的に活動する市民としての役割に期待が寄せられるようになった。日本では、民主党政権のもとで、「新しい公共」——政府・市場・民間のアクターの協働——もスローガンとして掲げられた（二〇一〇年）。この議論はイギリスでの"active society"や"active citizenship"の政策展開を参照したものと言える。このプログラムには、シティズンシップ教育の中等教育への導入を通じて政治的リテラシーを向上させるなど、市民としての力量＝徳性を涵養（かんよう）していくという面ももちろんあったが、同時に、市民社会を活性化することによって国家（の財政）にかかる負荷を減らすことが意図されてもいた。

第二に、この流れと並行して、一九八〇年代からはネオリベラリズムの思想が力を得て、各国の政策の指針にも反映されるようになった。「自己責任」が妥当する領域を押し広げ、公共的なものの活動領域を縮小しようとするこの思想は急速に社会にも浸透し、自分のことに関心とエネルギーを傾注する態度が助長された（雇用保障や社会保障が一九八〇年代以降後退したことにより、自分のことへの専心が余儀なくされた面も大きい）。市民社会論は、相互性や互酬性のあるコミュニティやアソシエーションなどのネットワークが非国家的・非市場的な領域でさまざまに形成されていくことに期待を託していたが、ロバート・パットナムの『孤独なボウリング』（二〇〇〇年）などのように、コミュニティやアソシエーションの衰退傾向を指摘する議論が相次ぐようになった。

「自己責任」の考えが支配的なものになるにつれ、公共的なものから離脱しようとする動きも公然と現れる。誰もがアクセスできる公共的なもの――公立学校や道路など公共的な生活インフラなど――は質において劣ったものとみなされるようになり、私的なもの――"gated community"や私的年金など――へと自分たちを囲い込むことが富裕層をはじめ力がある人びとの間で進んだ。その裏面で、公共的なものに依存する生活は蔑視（べっし）の対象となり、またバッシングの対象ともなってきた。

第三に、ネオリベラリズムの政策が経済的・社会的格差を広げ、社会に亀裂を走らせる傾向が強くなると、「国民」（nation）を社会統合の基盤として再生しようとする議論も現れるようになった。移民など異質な諸要素を排除して同質的な国民を再構築しようとするエスノ・ナショナリズムの思想はポピュリズムと不可分の関係にある（ポピュリズムについては第十一章で取り上げる）。他方で、少数派に対する承認と寛容を維持しながらも統合再建の基盤を「国民」（nationality/nationhood）に求める、「リベラル・ナショナリズム」（liberal nationalism）と呼ばれる思想も支持を得てきた。その代表的な理論家デイヴィッド・ミラーによれば、国家による再分配を支持し続けるためにも、また、少数派の意見を尊重する熟議デモクラシーを定着させるためにも「われわれ」というアイデンティティが不可欠であり、そうした同一化の基礎は「国民」の観念以外には求めがたい（『ナショナリティについて』、一九九五年）。

格差の拡大だけではなく、近年では「社会の分断」という言葉もよく耳にするようになった。階級間・階層間の距離の拡大とともに、価値観の違いがもたらす不協和や抗争にどのように対応しうるかを問うことが公共哲学の課題となっている。過度の不平等を抑制するとともに、価値観の違いが熾烈な「神々の闘争」（マックス・ウェーバー『職業としての学問』）を招くのではなく、安定した共存をもたらすような社会を私たちはどう構想することができるだろうか。

第二章 公共哲学の歴史 I

第一節 カントの公共哲学

継承されるカント

公共哲学の歴史は（少なくとも）古代ギリシアや古代ローマにまで遡る。たとえばアリストテレスやキケロの名前を挙げることもできるだろう。本書では十八世紀後半のドイツの哲学者イマヌエル・カント（一七二四―一八〇四）から始め、二十世紀のアーレントとハーバーマスまで辿り、近現代の公共哲学の歴史を概観することにしたい。

カントは、『純粋理性批判』（一七八一年）、『実践理性批判』（一七八八年）、『判断力批判』（一七九〇年）の三批判書で知られる哲学者であるが、とくに晩年には、『永遠平和のために』（一七九五年）や『人倫の形而上学』（一七九七年）、「啓蒙とは何か」（一七八四年）、「理論と実践」（一七九三年）など公共哲学の主題に関わる論考を著している。実際、「理性の公共的使用」、「公開性の原理」、「根源的契約の理念」などカントの観念はアーレントやハーバーマス、そしてロールズらの公共哲学に深い影響を及ぼしている。

理性の公共的使用

カントは「啓蒙とは何か」において、啓蒙を「理性の他律（たりつ）」から「理性の自律（じりつ）」へと向かう全公衆共同のプロジェクトとして描いた。「自分で考えること」は「他者と共に考えること」を不可欠としており、そのためには、「自らの思考を公共的に伝達する自由」つまり言論の自由が妨げられてはならない。カントのいう公衆は一国の市民には閉じられず、「本来の意味での公衆」には国境をはじめ何らかの境界による拘束を被らない。市民は、「国家の市民」であるとともに「世界市民」でもある。

カントが提示する「理性の公共的使用」とは、全公衆に向けた理性の使用（推論と意見の公表）であり、自らの属する集団の利害や価値観によって制限を被ることはない。むしろ、カントにとって「公共的」という言葉は、既存の境界を脱する動きを含意している。興味深いのは、国家の官吏による理性の使用は「私的使用」と解されていることである。私的であるとは自らが属する組織の規範や規則に拘束されていることを意味している。ある税吏は国家の規則に従って粛々と税を徴収しながらも、当の税制が不当であるという意見を「自ら自身の人格において語る」ことができる（「人格」とは責任が帰される主体という意味で用いられる）。組織の私的利害を超えて公益のために語ることは、こんにちでは法によって保護される権利となっているが、その着想をカントに見ることができるだろう。

たしかに理性の「私的使用」と「公共的使用」との間には、人を引き裂くような緊張がある。何らかの組織に属することで生計を立てていれば、その組織の活動に社会を欺いたり（公表データの改竄など）、社会に重大な害をもたらすような問題を見いだしても、「公共的使用」にはなかなか踏み切れないだろう。とはいえ、フェイスブック（現メタ）の内部告発（二〇二一年）はデジタル・プラットフォームでどのような操作が行われていたかを明らかにしたし、差し迫る脅威に対して専門家が警告や勧告を発すること――たとえば「オゾン・ホール」への注意の喚起――もまれではない。一般には気づかれにくい問題の発見とその認識について、私たちは

図2-1　I. カント

この種の「理性の公共的使用」に負っているところがある。

公開性の原理

このようにカントは障壁のないコミュニケーションを強力に擁護し、言論の自由を最も根源的な権利としてとらえた。一国内の制度に話を移せば、カントは、「統治の秘密 arcana imperii」(意思形成・決定過程から市民を遠ざけておくこと)に対して挑戦し、「公開性の原理」を擁護した。カントによれば、「すべて他者の権利に関係する行為で、その行為の格率(かくりつ)〔主体にとっての行為原則〕が公開性と一致しないものは不正である」(『永遠平和のために』)。わけても市民の権利・義務を規定する法の制定過程において公開性が不在であることは、制定される法に不正義を推定すべき根拠を市民に与える。

ここで「格率」とは法の正当化理由を指す。その理由の公開は、制定されようとしている法が妥当であるか否かをめぐる公衆の議論を引きおこす。もし公共の議論を経て市民による「抗議」が提起されるならば、為政者はその抗議に対して理由を挙げて応答しなければならなくなるだろう。カントによれば、国家の市民には、「公共体にとって不正であると思われる事柄について自らの考えを公表する権限」がある(「理論と実践」)。そうした「抗議」をも含む公共の議論こそが社会の秩序を安定したものにするのであり、逆に、異論を封じれば、国家は秩序の転覆を導くような不満の火種を抱え込まざるをえなくなる。

パターナリズム批判と「公共の福祉」

カントは、国家によるパターナリスティックな統治に対してもラディカルな批判を提起した。「いかなる人といえども、私に対して強制的に（その人が他の人の幸福をどのようなものと考えるかという）その人のやり方で幸福にすることなどできない。各人は、自分がよいと思うやり方で幸福を追求してよい。ただ、自分と同じような目的を追求する他の人の自由が可能な普遍的法則に従ってすべての人の自由と両立しうるときには、そうした他人の自由（目的を追求する権利）を侵害しさえしなければよいのである」（「理論と実践」）。つまり、市民を自らの幸福が何であるかがわからない子どもであるかのように扱い、上からの温情をもってその幸福の実現を図ることを通じて、国家は、自分で自分の幸福を定義し、それに修正を加えながら追求していく市民の自由を否定することになる。

統治の役割は、市民に代わって幸福を定義し、その実現を図ることにはない。市民に保障しなければならないのは、幸福の実現ではなく、市民がそれぞれの仕方で幸福を追求するための条件

——個人の自由と個人間の自由の両立——である。

カントにとって、「公共の福祉」（salus publica）とは、市民全体の幸福（福利）の実現を命じる規範ではなく、市民に対して平等な自由を法的に保障することを命じる規範である。「『公共の福祉は最上位の国法である』という命題は、たしかに、いささかも価値と威信とを減らすことなく、いまも存立する。しかし、何よりもまず考慮に入れなければならない公共の福祉とは、法によって一人ひとりすべての人に対して自由を保障するような法的体制である」（「理論と実践」）。ロールズは、カントをジョン・スチュアート・ミルと並んでリベラリズムの偉大な先駆者と見ているが、その理由は、カントが、幸福（ロールズの言葉では「善の構想」）が何であるかを自ら定義し、それを修正しながら追求していく自由を擁護し、法制度の役割をそうした自由の平等な保障に限定したところにある。

根源的契約の理念

第五章で触れるように、ロールズは契約説の伝統を継承するが、その際彼がロック、ルソーと並んで契約説の論者として名を挙げるのは、カントである。彼のいう「根源的契約」は、当事者による現実の同意によって成立するものではない。現実の同意は、当事者がたまたま置かれている状況によって左右されざるをえない（その当事者は別の誰かの意思に逆らえない状況にあるかもしれない）。契約の内容は、当事者がもし「理にかなった」（reasonable）状況にあるとすれば彼らが合理的に受容しうると推論されるものである。

その意味で、カントの「根源的契約の理念」は、ロールズの「原初状態」における正義の構想の選択のモデルとなっている。いずれにおいても重視されるのは契約が行われる状況が公正であるか否かである。合理的な選択は理にかなった状況においてなされなければならない。言いかえれば、合意される内容（正義の構想の内容）が合理的に受容可能か否かは、その合意形成が公正とみなしうる状況でなされるか否かにかかっている。事実上、優位―劣位の関係が存在したり、戦略的な操作がはたらくような状況は公正であるとは言えない。

植民地主義批判

カントの永遠平和論はよく知られているが、同時代の植民地主義に対する彼の容赦のない批判はあまり馴染みがないかもしれない。カントは、国境を越えた意見の交換を擁護するだけではなく、現に人びとが国境を越えて往来すること（カントのいう「交通」）を支持している。永遠平和のための第三の確定条項は、「世界市民法は普遍的歓待を促す諸条件に制限されるべきである」

というものである（ちなみに第一、第二の確定条項は、それぞれ国内での共和的体制の樹立、自由な諸国家の連合からなる多元的な国際秩序の確立を命じる）。

カントによれば、「訪問の権利」（外国人として他国に平和裡に滞在する権利）の相互保障によって妨げのない往来は可能になる。しかしスペインなどの植民地主義はこの「訪問の権利」をいわば濫用し、住民を無に等しいものとみなし、収奪を恣にしている。カントは、征服と変わらない「訪問」によって普遍的歓待の条件が甚だ損なわれている、と見るのである。「訪問」は、植民地支配や資源の収奪のためにではなく、世界全体を法的な状態（「世界市民的状態」）、つまり全世界の市民の権利・義務が法によって規定され、保障される状態に近づけていくために行われなければならない。

第二節　「大衆」をめぐる公共哲学

同調圧力と議会的公共性の空洞化

啓蒙の時代とは打って変わり、十九世紀半ば以降約一世紀にわたっては「公共的なもの」に対する概して否定的ないし消極的な評価が主流となる。「公共的なもの」は不特定多数の人びとが行使する水平的な権力作用と結びつけられる。たとえばセーレン・キルケゴールは「水平化の圧力」を指摘し、マルティン・ハイデガーは「世人（せじん）」の特徴を非本来性、凡庸（ぼんよう）性に見た。ジョン・スチュアート・ミルが『自由論』（一八五九年）で言及した「社会的暴政」（social tyranny）、つまり多数派の意見や生き方が及ぼす同調圧力とそれによる個性の圧迫への危惧（きぐ）もよく知られている。

ワイマール期（一九一九―三三年）のドイツでは、カール・シュミットが、議会の公共性は回復不可能な病理に陥っているとの診断を下した。それは、カントが擁護した公開性の原理とそれによって導かれる公共の議論がもはや空虚なものと化してしまっているという診断である。「絶対主義君主の秘密政治に対抗する闘争のなかで、近代議会主義の思想、コントロールの要求、公開性への信念が生まれ、人間の自由感情と正義感情が、秘密の決定のかたちで人民の運命を決定づける秘密実務に対抗して勝ちを占めた。……かつての自由主義的自由、とりわけ言論および出版の自由を放棄しようとする人は、今日たしかに多くない。にもかかわらず、ヨーロッパ大陸で、それらの自由が実際の権力の担い手たちにとって実際に危険なものとなりうるところでなお存在する、と信ずる人びとは、もはや多くはないであろう。新聞論説や集会の演説や議会の討議から真の正しい立法と政治が生まれてくるという信念は、いまや微々たるものにすぎない。……議会の活動の事実上の実態において公開性と討論が空虚で実質のない形式になってしまったとき、これまで発展してきた制度としての議会もまた、その精神史的な基盤と意味を失ったのである」(『現代議会主義の精神史的状況』、一九二三年)。

シュミットは、リベラリズム、すなわち多元的な意見の間で交わされる自由な討論に見切りをつけ、デモクラシーをそれから切り離した。デモクラシーは、そのつど表明される人民の意思に還元された。シュミットの議論には、デモクラシーから多元性(リベラリズムの要素)を取り除こうとするときの問題がよく現れている。実際、シュミットは、人民の同質性をデモクラシーが機能するための不可欠の条件とみなした。この極度に先鋭化された「主意主義」(voluntarism)の立場を、のちにハーバーマスは多元的な意見形成を重視する立場から批判することになる。

リップマンとデューイ

『世論』(*Public Opinion*, 1922)の著者としてよく知られているアメリカの知識人ウォルター・リップマン(一八八九—一九七四)は『幻の公衆』(*The Phantom Public*, 1925)の著者でもある。彼はまた、『公共哲学』(*The Public Philosophy*, 1955)というタイトルの著作も出版している。一九二〇年代には、社会環境が複雑化した「大社会」(The Great Society)が到来したとの認識が広く共有された。その主役は、カントのいう「公衆」(the public)ではなく「大衆」(the masses)である。ちなみに、オルテガ・イ・ガセットの『大衆の叛逆（はんぎゃく）』が出版されたのも一九三〇年である。

リップマンは、これらの著作において、正確な情報に通じ、まともな判断を形成できる公衆など現実には存在しないことを強調した。人びとは情報操作に対して脆弱（ぜいじゃく）な環境におかれ、「同意の工学」（manufacture of consent）によって正統性を調達されるだけの存在に成り下がっている。彼らが形成する世論なるものも正確な情報にもとづくものではなく、「ステレオタイプ」つまり予断と偏見――「人は見てから定義するのではなく、定義してから見る」――に左右されている。リップマンによれば、統治はそうした当てにならない世論を反映するのではなく、正確な情報を得ることのできる「インサイダー」によって担われなければならない。公共哲学の果たすべき役割は、「人民の衝動」（the popular impulse）――こんにちの言い方ならポピュリズム――に抗して、基本的な諸権利を保障する立憲主義の体制を擁護することにある。リップマンが大衆の自己統治能力に投げかけた疑問はその後多くの知識人に共有されることになる。

図2-2　W. リップマン

リップマンとほぼ同時代に生きたアメリカの哲学者ジョン・デューイ（一八五九―一九五二）は、リップマンが提唱する一部の知的エリート（テクノクラート）による統治に疑問を呈した。「大社会」の複雑な問題には専門知だけで対処することは

図2-3　J. デューイ

できず、社会全体の知性を稼働させるデモクラシーが必要である。専門家の得ることのできる知識は正確だとしても限られており、社会に生きる人びとが実際にどのような具体的な諸問題に直面し、それらをどう克服しようとしているかの関心から遠ざかってしまう。「たとえ靴の不具合がどう修繕されるべきかを最も適切に判断するのは熟達した靴職人だとしても、靴がきついこと、靴のどこがきついのか、これは履いている本人が一番よく知っている。……専門家の階級は、避けがたく共通の関心から疎遠になってしまうため、私的な関心と私的な知識をもつ階級になってしまうが、この私的な知識は、社会的な事柄については知識の名に値しない」（『公衆とその諸問題』、一九二七年）。

　一部の専門知ではなく、デモクラシーが包摂することのできる「認知的多様性」（cognitive diversity）こそが問題解決の途を探る「社会的探究」（social inquiry）にとって不可欠の資源である。市民はその探究に参加することによって知的な成長を遂げることができるというのがデューイのとる立場である。「社会がより知性に富む状態であれば、つまり、知識にもっと充たされ、またもっと知性によって導かれた状態であれば……すべての人の知性が作用する水準は引き上げられるだろう。公共の関心事を判断するうえで、この水準の高さは、一人ひとりの知能指数の違いよりもはるかに重要である」。

彼によれば、デモクラシーとはたんに頭数（あたまかず）を数えることではなく、解決を要する問題状況の発見、公共の関心事の共有、徹底した公開性のもとでの解決策の協働的探究、多様な知の包摂とフィードバックを通じた修正という一連のプロセスを指す。知の多様性と異論によるフィードバックを重視するデューイの議論は、現代の熟議デモクラシー論にも豊かな示唆を与えている。

シュンペーターのデモクラシー論

オーストリア出身の経済学者ヨーゼフ・シュンペーター（一八八三―一九五〇）は、市民の政治的リテラシーについてリップマンに近い否定的な見方を示している。「こうして、典型的な市民は、彼が政治の分野に入るやいなや、精神的パフォーマンスの低いレヴェルへと押し流される。彼が議論したり分析したりする方法は、彼が自分の現実的な利害関心の領域内だったら幼児的とたやすく認めるようなやり方である。彼は再び未開人になる。彼の思考は、とりとめもなく情緒的になる」（『資本主義・社会主義・民主主義』、一九四二年）。

シュンペーターによれば、市民は自身に関わる利害に関してのみ合理的でありうるのであり、公共の政策に関する判断についてはそうした合理性を期待できない。したがって市民の政治活動は自己利害の範囲内、つまり代表者を選ぶ投票行動のみにとどめられなければならない。政治に疎い市民でも、自らの経済的な利害関心に照らして、どの代表者がよいパフォーマンスを示しているかはおおよそ判断できる。

デモクラシーを選挙に還元するシュンペーターの見方は、二十世紀後半の政治学に受け入れられ、標準的なモデルとなる。その基本的な特徴を挙げれば、①デモクラシーは、諸個人が自らの利益を最大化するための手段である、②民主的な政治過程は、議会のメンバーを選挙で選ぶための競争過程を意味する、③経済的な利害関心にもとづく多元的な競争こそが専制や暴政を防ぐ役割を果たし、政権交代をもたらす。シュンペーターのデモクラシーの構想には、公共的な事柄（政治的争点）をめぐって意見を交わし、自ら政治的意思を形成する市民は不在である。彼の理解では、市民とは選挙民のことであり、投票箱が彼らにとっての最大の公共的空間である。

カントの公共哲学は、実際にアーレントやハーバーマス、そしてロールズなどに深い影響を及ぼしたが、いまもなお現代の公共哲学にも豊かな示唆を与え続けている。社会が複雑になるとともに、人びとが「公衆」から「大衆」へと変貌した二十世紀の前半には、市民が公共的な事柄に関してもちうる能力に対して両義的な評価が示された。リップマンやシュンペーターはその限界を指摘し、デューイは、問題解決をめぐる協働の探究への参加を通じて市民の知的能力が涵養されうるとの展望を示した。第十一章で見るように、現代のデモクラシー論にもこの両義的な評価が再現されている。

第三章

公共哲学の歴史Ⅱ

第一節　アーレントの公共哲学

公共性理解の反転

ハンナ・アーレント（一九〇六―七五）の『人間の条件』（一九五八年）は、「公共的なもの」を肯定的なものにとらえ返すうえで重要な役割を果たした。マールブルク大学でアーレントと師弟関係にあったマルティン・ハイデガーは「公共的なもの」を「世人」（das Man）が席捲（せっけん）する領域として描き、それを非本来性、水平性、凡庸性といった言葉で否定的に特徴づけた。アーレントの議論は、そのような見方を反転するものである。

彼女は、公共的領域を「画一性」の支配する領域ではなく「複数性」(plurality)が顕在化する領域としてとらえた。彼女自身、ユダヤ人としてナチズムを経験し、一九三三年のナチスによる政権掌握から一九五一年のアメリカ市民権の取得までの間、無国籍者として生きることを余儀なくされた。アーレントの議論が自由とともに複数性を擁護する背景には、一義的な世界観としてのイデオロギーによる支配の経験がある。

複数性について

「複数性」はアーレントの公共性論を理解するキーワードである。それは、事柄を単一の何かに還元することを拒む概念である。アーレントによれば、空間的にも時間的にも私たちの「間」にある世界は単一の観点からはとらえられない。なぜなら、世界は「同一の側面を二人の人に示す」ことはなく、各人は世界に対して他に還元不可能な――二つとないという意味でユニークな――立場を占めているからである。したがって、世界に対する多様なパースペクティヴを相互に照らし合わせること、つまり、意見を交換し、それを相互に(間主観的に)吟味し合うことが、世界(とくに公共的領域)を理解するうえで不可欠になる。

アーレントの見るところ、プラトン以降、西洋の哲学の伝統はこの「複数性」に対して概して否定的であった。世界の正しい認識は一義的な真理に還元されるという見方は、その真理が「善のイデア」であれ、歴史を貫くとされる必然的な運動法則であれ、人びとの間の意見交換を不要なものとする。政治は、間主観的なコミュニケーション（相互行為）を通じての「誤りうる」意見形成・意思形成というよりもむしろ、「正しい」とされる真理の青写真にもとづいて制度を製作する場に転じてしまう（アーレントによる活動様式の分類でいえば政治は行為 action = Handeln ではなく、製作 work = Herstellen の場となってしまう）。

アーレントは、『全体主義の起原』（一九五一年）において、ナチズムとスターリニズムを、一義的な世界観としてのイデオロギーを提示することによって大衆を動員することに成功した「運動」として描いた。単一の世界観が絶対的なものとして制覇するところでは、意見の交換は意味をなさない。しかし、複数性の廃棄は、そうした例外的な状況のもとでのみ起こるとは限らない。人びとの意見を一つのものに収斂させるような大衆のムードが支配的になる場合にも複数性は失われる。アーレントは、いわゆる「世論」に全員一致（unanimity）的な性格を見いだした。

図3-1　H. アーレント

公共性が成り立つ条件として複数性を強調した文章を引用したい。

「公共的領域のリアリティは、数知れないパースペクティヴやアスペクトが同時に存在することにかかっている。……共通世界は、あらゆる人々が出会う共通の場所であるが、そこに姿を見せる人びとはそれぞれ異なった場所を占めている。二つの物体が同一の場所を占めえないように、ある人の立場が他者の立場に一致することはない。他者によって見られ、聞かれることが意義をもつのは、あらゆる人々が異なった立場から見聞きしているという事実のゆえである。ここにこそ公共的生活（public life）の意味がある。……共通世界の終わりは、それがただ一つの側面のもとで見られ、ただ一つのパースペクティヴにおいてしか現れえない場合にやってくる」（『人間の条件』）。

政治権力の多元性

アーレントの「権力」（power）の構想も、この複数性という観点から理解できる。アーレントによれば、権力とは「力に対する力の超過」（トマス・ホッブズ『リヴァイアサン』）でもなければ、「他者の抵抗を排して自らの意思を貫徹するあらゆる可能性」（マックス・ウェーバー『社会学の根本概念』）でもない。権力は、物理的な「暴力」（violence）、制裁として発動される「強制力」（force）、心身の「強さ」（strength）とは異なり、個人や組織が所有したり、使用できる力ではない。人びとが（欺瞞的ではない）言葉によって相互の了解をはかり、協調して行為するときに政治的な権力は生じる。この独自な権力理解は、のちにハーバーマスによって「コミュニケーション的権力」の観念として継承されていく。

アーレントの理解では、政治社会の諸制度やそれにもとづく統治は、このような間主観的な権力による支持があるときに正統なものとして維持されうる。裏返して言えば、強制力や暴力に頼らざるをえなくなるとき、統治はすでに権力による支持を失い「無力」となっているのである。

一党独裁の場合のように権力の所在が社会のごく一部に限られる場合にも、権力は脆弱になる。アーレントによれば、権力分立の制度も、権力を制限するものとしてではなく、権力を多元化し、権力を全体としては増大するものとしてとらえ直されるべきである。彼女が支持する「評議会制」(council system)や「連邦制」(federal system)の構想に見られるように、政治権力は多元的に構成されるときに広範な権力に支えられて強力なものとなる(『革命について』、一九六三年)。「評議会」とは、日常的な文脈に置き直せば、公共の関心事をめぐって人びとの間に自発的に形成される「語り合い」の場であり、そこから生まれる権力が一部への集中や専有を排して組織されるときに、社会は安定的なものになる。

政治的自由

アーレントは、「自由」についても間主観性ないし関係性を強調している。「自由は政治に固有の「間」の領域のうちにのみ存在する」（『政治とは何か』、一九九三年）。言いかえるなら、政治的自由は「他者の排除」ではなく「他者の現前」を求める。彼女によれば、排他的な支配を求める主権性（sovereignty）と複数性は相容れるものではなく、自らの意のままに扱うことのできない他者と共に同じ世界に生きようとするのであれば、主権性は放棄されなければならない。

政治的自由は「支配も被支配も存在しない空間のうちを動く」自由を意味する（『人間の条件』）。つまり、物理的には「行いや言葉において他者と出会う」こと、精神的には「対立するあらゆる種類の見解」に触れるべく「一つの場所から他の場所へ、世界の一方から他方へと駆けめぐる」ことを意味する（「真理と政治」、『過去と未来の間』に所収、一九六一年）。

アーレントが自由を「公共的な事柄への参加」ないし「公共的事柄への参入」（『革命について』）として定義するとき、他者と共にある「公共的なもの」から他者による介入がない「私的なもの」の安全性へと引き退く（しりぞく）ことに自由の本質を見いだそうとする立場に対して、批判が提起されていることは明らかである。とりわけ彼女の同時代には、政治が少なくなればなるほど自由の余地は増えるという消極的自由論が説得力をもつ文脈があった（全体主義の経験はアイザイア・

バーリンとアーレントに異なった自由の構想をもたらした)。

アーレントは私的なもののもつ価値を過少に評価しているわけではない。そのことは、他からの恣意的なアクセスを遮るプライバシーに加え、(増減を繰り返す「富 wealth」と対比される)安定した「所有 property」への言及にもうかがえる。アーレントは、晩年には、私たちが一人でいるときの生つまり「精神の生」(life of the mind)をめぐる考察も深めている。彼女が政治的観点から重視するのは、私的なものには「他者の現前」が欠けているということ、自らの言葉や行いに応答を返してくれる他者が不在であるということである。互いに応答されうる関係が損なわれた状態は、「見棄てられていること」(Verlassenheit)ないし「孤独」(loneliness)と呼ばれる。そうした状態は、一義的な意味を人びとに提供するイデオロギーに対して脆弱である。全体主義が大衆を動員することに成功したのも、そのイデオロギーが人びとに「超意味」(Übersinn)を提供し、いわば意味への過剰な同一化を広範に引きおこしたからである(『全体主義の起原』)。

世界への関心

アーレントは、十九世紀以降の近代社会の病理を「社会的なもの」(the social)が一次元的に肥大化したところに見る。「社会的なもの」の領域から排除されるのは、「世界への関心」である。

世界とは、これまで人間の手で構築されてきたものからなり、思想や芸術の作品、建築物、そして法や制度がそれを構成している。この世界が、空間的にもまた時間的にも人びとの「間」に介在し、人びとを結びつけると同時に人びとの間に距離を設けている。公共的領域はこの世界に位置している。「世界は、人為的なもの、人間の手によって作られたものを表すとともに、人間の手になる世界に共に生きる者たちの間に生じる事柄をも表している。世界に共に生きるということは、ちょうどテーブルがその周りに席を占める人々の間にあるように、物事からなる世界がそれを共有する人びとの間にあるということを本質的に意味している。世界はあらゆる間(in-between)がそうであるように、人びとを関係づけると同時に切り離す間である」(『人間の条件』)。

アーレントによれば、世界は、その時々の利害関心に左右されずに存続すべきものであり、「生命への配慮」——個人であれ集団であれ、その生命に利するかどうかのみを気づかう態度——がその妥当性を失うべき領域である。にもかかわらず、生命を超えた耐久性をもって世界にとどまっていく事物を、生命の維持や増強に資するか否かという観点からのみ評価してきたことに近代社会の問題はある。

多くの論者が指摘するように、生命への配慮を「同一的なもの」(the identical)とみなし、政治に固有のテーマから排除したことはアーレントの議論に見いだされる難点である。生命の必要は充たされなければならないという点で必然的でありうるとしても、その必要をどのように解釈するかには一義的な解が与えられているわけではない。とはいえ、生命への配慮が世界への関心を圧倒し、私たちの生に安定性を与える世界の持続性への関心がきわめて希薄になっていることを指摘したアーレントの議論には、生命こそが第一の関心事である（べきだ）という考えに反省を迫る批判的な力がある。

「事実の真理」の尊重

「ポスト真実」（post truth）が語られるこんにちの状況に鑑みて注目したいのは、アーレントが意見の複数性を擁護する一方で、「事実の真理」（factual truth）については一義性を強調していることである（「真理と政治」、『過去と未来の間』に所収）。彼女によれば、事実については、「いろいろな見方がある」という主張は退けられなければならない。「事実は意見の糧（かて）であり、そして意見はさまざまな利害関心や情念に活気づけられて大いに異なりうるが、事実の真理を尊重するかぎりで正当でありうる。事実に関する情報が保証されず事実そのものが争われるようになれば、意見の自由など茶番である」。

事実を意見（一つの見方）に変えてしまう傾向にアーレントが警告を発するのは、「組織された嘘」（organized lying）が、同一の事柄をめぐる複数の意見の交換という政治の根本的な条件を損なうからである。アーレントの同時代には、ベトナム戦争を指揮した米国防総省（ペンタゴン）のエリートたちが「組織された嘘」によって自ら自身をも欺いていた事実が『ペンタゴン・ペイパーズ』の暴露によって明らかになった（「政治における嘘」、『共和国の危機』一九七二年に所収）。

　事実そのものを認識できる立場には誰もなく、たしかに入手しうるさまざまなエヴィデンスや証言など諸々の情報を照らし合わせ、その整合性を判断することによってしか事実を把握することはできない。しかし、事実がその時々の為政者の意見、あるいは多数派の意見に変えられてしまうなら、私たちは互いに何について意見を交わし、何について判断を形成しているかが不明になる。その「何」が作為の対象になるなら、私たちを結びつける世界の「間」は失われてしまう。アーレントは、「真理＝真実を語ること」（truth telling）によって私たちの世界の確かさが支えられていることを強調するのである。

第二節　ハーバーマスの公共哲学

ユルゲン・ハーバーマス（一九二九―　）は、フランクフルト学派第二世代を代表するドイツの哲学者である。第一世代に属するマックス・ホルクハイマーやテオドール・アドルノが、近代の理性を、外的自然・他者・内的自然を道具化する主観中心的理性であるととらえ、それに対する全面的批判を展開したとすれば、ハーバーマスは近代の理性には間主観的な理性、「コミュニケーション的理性」という別様の理性があることに再認識を促した。彼は、そのポテンシャルを実現していくことこそが近代の「未完のプロジェクト」であるという立場を一貫してとってきた。

公共性のモデル

ハーバーマスのデビュー作である『公共性の構造転換』(一九六二年)も、近代の「市民的公共性」のうちに「コミュニケーション的理性」の一つの可能性を見いだした著作である。彼は公共性が歴史的に辿ってきたモデルを次の四つにまとめている。

①ギリシア的公共性　……言説　……人びとの間
②示威的公共性　……イメージ　……人びとの前
③市民的公共性　……言説　……人びとの間
④操作的公共性　……イメージ　……人びとの前

①と③のモデルにおいては、公共性は人びとの「間」で言語を通じて相互の了解がはかられる

ときに成立する。他方、②と④のモデルにおいては、公共性は人びとの「前」で権力や権威の所在がイメージやスペクタクルを通じて示されるという形をとる（たとえば王室の儀式や公開処刑など）。『公共性の構造転換』の問題関心は、ブルジョアジーが啓蒙期（十八世紀から十九世紀初め）の西欧に形成した「市民的公共性」の成り立ちとその意義を明らかにするとともに、再封建化した公共性の現状――人びとの投票行動や消費行動が社会的権力や文化産業等を通じて操作されている状況――を批判し、情報交換・意見交換のネットワークを活性化し、言説によって成り立つ公共性を取り戻すことにあった。

その際ハーバーマスの念頭にあったプログラムは、カントのいう「公開性の原理」を立法過程のみならず、さまざまな組織の間に及ぼし、とりわけ社会的権力――ハーバーマスの用語法では経済的権力が含まれる――が政治過程に流入していくインプットの局面でそれを作用させるというものであった。このように公開性のヴェクトルを操作的なものから批判的なものへと再び転じていくためには、さまざまな組織それ自体が内部から民主化される必要がある。ハーバーマスがこの時点で期待を託したのは、労働者などが自らの属する組織の経営をより透明性のあるものにしていくことであった。

『公共性の構造転換』の後、ハーバーマスは、ニクラス・ルーマンらの社会システム論との論争を経て、「公共性の脱政治化」とも表現される否定的な現状を「システムによる生活世界の植民地化」として定式化するようになる。これは、それぞれ貨幣と行政権力を行為調整の媒体とする二つの機能システム（「経済システム」および「行政システム」）が、言語を媒体として行為調整がはかられるべき「生活世界」を属領化していく事態を指している。簡単に言えば、それは、人びとの間で何らかのコンフリクトが生じたときに、それが言葉のやりとりによる相互の了解ではなく、お金の力や組織上の地位によって調整される事態である（ハーバーマスはそうした事態を「日常実践の貨幣化・官僚制化」と呼ぶ）。

『コミュニケーション的行為の理論』（一九八一年）などの著作でハーバーマスが示す「脱植民地化」の展望はおおよそ次のようにまとめられる。生活世界の私的領域で発見された諸問題（たとえば女性に多くの負荷を強いる性別分業の問題）は、情報や意見の交換が重ねられることを通じて、公共的な対応が必要な関心事（争点）とみなされ、やがては議会等から構成される「政治システム」において（取捨選択を経て）アジェンダとして取り上げられるようになる。政治システムはそこでの意思形成・決定を経て法を制定する。その法を執行することを通じて「行政システム」は「経済システム」を制御していく、という流れである。機能システムによって制御されるのではなく逆にそれを制御していくような意見－意思形成が生活世界の公共的な次元

図3-2　J. ハーバーマス

(インフォーマルな政治的公共圏)で活性化し、そこで形成される市民の意思がフォーマルな政治的公共圏に伝えられていくことが「脱植民地化」を導く、とされるのである。

ここで重要な役割を果たすのは、さまざまな主題をめぐって市民社会に自発的に形成されるアソシエーションであり(『公共性の構造転換』が期待を託した組織organizationではもはやない)、それらは公共の関心事についてアジェンダ設定を方向づける場合、経済・行政の両システムに対して距離を保った「自律的公共圏」として機能する。ハーバーマスは、先に見たアーレントの権力概念を、人びとが意見 - 意思形成をはかる討議の積み重ねを通じて生じる「コミュニケーション的権力」――「正統な法を創造し、制度を創設することに表現される正統化の力」――として継承している。この権力のみが法やそれにもとづく統治を正統化する唯一の源泉であるとされ、社会的権力が政治的権力に転換される「民主的過程から自立化した正統ではない権力複合」あるいは行政権力の恣意的な行使は、この基準に照らして批判される。

討議デモクラシーの構想

ハーバーマスは、ジョシュア・コーエンとともに熟議デモクラシー論の先駆者である(ハーバーマスはDeliberationと区別してDiskursを用いており、彼の議論については「討議デモクラシー」と呼ぶ)。討議を軸に法治国家の構造を再構成したのが、彼の政治理論の主著『事実性と妥当』(一九九二年)である。

討議デモクラシーにおいて重要なのは「理由」=「論拠」(Argumente)の力である。「数の力」や「金の力」ではなくもっぱら「理由の力」にもとづいて相互の了解を目指すことが討議的な意見-意思形成の基本線である。その際注目したいのは、「ほとんどの人が受け容れているから」というのは妥当な理由とはみなされない、ということである。討議においては、現に妥当(通用)している規範それ自体が本当に「妥当性」をもっているか否かが問い直されるのである。通常のコミュニケーション的行為においては、現に妥当している規範にもとづいて行為調整が行われる。しかし、男性優位のジェンダー規範や異性愛中心の規範がそのような過程を辿ってきたように、長く妥当してきた規範が問い返されることもある。

討議は、理想的には、「理由の力」以外のすべての諸力が無効化され、参加者が「よりよい理由のもつ強制なき強制」によってのみ動かされるような、反省形態のコミュニケーションである。もちろん現実には理由をめぐる検討にもさまざまな力は作用するし、討議を尽くすだけの時間も得られない。しかし、社会のさまざまなところで並行して行われる討議は、断続的ながらも、吟味・検討を経てより妥当とみなされるようになった理由を、政治文化に蓄積していくことができる。そのようにして蓄えられた「理由のプール」はそのつどの意見-意思形成の資源となるとともに、ありうる立法の幅に一定の制約を課していく。

重要なのは、ハーバーマスの議論において、法や政策を正統化する力をもつのは市民の意思それ自体ではなく、討議的な意見‐意思形成であるとされていることである。彼は、人民の意思をデモクラシーの本質としてとらえたカール・シュミットの議論を念頭におきながら、その「意思」は（コミュニケーション的）「理性」によって、つまり、公共の議論における理由の交換と検討によって媒介されていなければならない、と強調した。公共の討議が「理性と意思を媒介する審級（しんきゅう）」であり、討議の結論を暫定的ながらも「正しい」とみなすことができるのも、それが理由の検討を経ているからである。討議的な意見‐意思形成を経た結論は正統であるとみなされるとともに、もちろん誤りうるものではあるとしても、（認識的に見て）「正しい」ともみなされるのである。

デモクラシーを通じた社会統合

『事実性と妥当』は、世界観が多元化した状況においては、市民が民主的な意思形成・決定過程を通じて法を生みだし、その法を媒体として経済と行政を制御すること以外によっては社会を統合することはできないと主張する。というのも何か特定の世界観によって社会をまとめ上げようとすれば、抑圧が避けられないからである。ハーバーマスの議論はこの点で、「理にかなった多元性の事実」を立憲デモクラシーの社会にとっての恒久的な条件と見るロールズの議論と軌を一にしている。

政治的公共圏は、市民が「法の共同起草者」として民主的な自己立法に携わる場であり、そこでは、自ら自身に対して執行ないし適用される法を正当化する理由をめぐって、公共的理由の検討が繰り返される。つまり、市民は制定される法を通じて他の市民を支配しうる立場を占めているのであり、恣意的な支配を避けるためには、法は、世界観を異にする市民もまた受容しうる理由によって正当化されなければならない。政治的公共圏において、市民はそのような理由を特定すべく協働的かつ競争的に理由の探究を行っているのである。ある法の制定が時間的な圧力のもとで行われることは避けられないが、やがてその法の誤りを正すためにも理由の検討は続行される必要がある。

そうした理由の検討にもとづく自己立法の実践が社会統合を導くためには、理由の力以外の「強制力の排除」だけではなく、誰もが排除されないという「包摂」、誰もが対等な発言の機会をもつという「平等」、誰もが自他を欺かずに相互の了解を目指して発言するという「誠実性」が意見‐意思形成の過程に備わっていることが（理想的には）求められる。もちろんこれらの条件が十全に充たされることは現実にはないが、この規範的理想に照らせば、どのような逸脱が法を制定する過程にはたらいているかを明らかにすることができる。

それでは、このような公共的な理由の検討が行われるための、情報・意見交換の環境を私たちは得ることができるのだろうか。

公共性のさらなる構造転換

第一章の冒頭でも触れたように、ハーバーマスは「政治的公共圏のさらなる構造転換についての省察と仮説」(二〇二二年)と題する近年の論考において、公共的コミュニケーションのデジタル化が政治的公共圏のあり方に及ぼしている否定的な影響を指摘した。ハーバーマスが危惧するのは、デジタル化が彼のいう「リベラルな政治文化」の空洞化を招くことである。この政治文化の本質的な特徴は、相互性のある包摂および公共的な事柄と私的な事柄を区別する基準の維持にある。カントの表現を用いれば、自集団に閉じた「理性の私的使用」のみが活性化するなら、公共的コミュニケーションは断片化し、相互媒介によってもたらされる包摂は失われる。また、公共的な事柄と私的な事柄を分ける閾(しきい)がならされ、公共圏がさまざまな私的影響力が顕示されるステージに変わるなら、それは公共の関心事を共有し、それをめぐって意見が検討される言説の空間であることをやめる。ハーバーマスの見るところ、いまや政治的公共圏は公共の関心事に「選好」をもつ人びとだけからなる準公共圏の一つへと格下げされつつある。

このようにハーバーマスは、「政治的公共圏のさらなる構造転換」に対してかなり悲観的な展望を示している。彼が必要な対応として挙げるのは、法によってデジタル・プラットフォームがもつ巨大な社会的権力を制御する――独占禁止や情報保護による規制の動きは実際に出てきている――こと、ジャーナリズムが担ってきた真偽のフィルタリングや評価・編集の機能を公共圏に取り戻すことである。

デジタル化した媒体は、一方で、これまでの媒体では容易ではなかった新たな接点、新たな架橋をつくりだす動きを実際に可能にしており、ハーバーマスのいう「自律的公共圏」がどのように生みだされているかにも注目する必要があるだろう。

アーレントは、本書のサブタイトルにある「自由」と「複数性」を私たちの公共的生活にとって本質的な価値として位置づけた思想家である。私たちが共有する世界には単数の人ではなく複数の人びとが生きているという認識こそが自由を擁護する基礎にある。その複数性という人-間の条件がどのような諸力によって損なわれるかを、彼女は論争的に指摘した。ハーバーマスは、公共的コミュニケーションが歴史的にどのような変容を辿ってきたかをとらえるとともに、理由を交換し、その妥当性を問い合う公共の議論（討議）こそが、正統な法を生みだすことを通じて複雑な社会を統合に導くと論じた。彼が公共哲学に提起するのは、そうした公共の議論を、公共的コミュニケーションの断片化が進むなかで、どのように成り立たせることができるのかという問いである。

第四章
功利主義の公共哲学

第一節　功利主義とは何か

功利主義の常識的理解

　功利主義は現代において最も影響力の大きな公共哲学の一つである。功利主義が明確に定式化されたのはジェレミー・ベンサムによってだが、功利主義的なものの考え方はデイヴィッド・ヒュームやアダム・スミスにも見ることができる。現代において功利主義を主張するのは多くの場合、道徳哲学（倫理学）を専門にする功利主義者たちだが、功利主義的なものの考え方は多くの経済学者や政治学者に共有されている。ある意味では功利主義は現代の常識的な考え方だとすら言えるだろう。

功利主義は常識的な考え方だと述べたが、それは功利主義が常識によって正確に理解されていることも、肯定的に評価されていることも意味しない。たとえば、功利主義についてのよくあるイメージは、計算高い利己主義だというものだろう。人間が狭い自己利益を最大化しようという計算だけで動いていることを、開き直り気味に肯定するのが功利主義だと考えられているのである。この意味では、功利主義は道徳的な動機や考慮を否定する立場だということになる。功利主義は慈善や自己犠牲にまるで関心がなく（それどころか冷笑的で）、私利私欲のために義務を無視するという解釈すらありうる。

このイメージは正確ではない。功利主義は利己主義とはまったく違うものであるし、道徳を否定するどころか厳格な道徳的立場である。功利主義に計算高いところがあるのは確かだが、それは必ずしも否定的に評価されるべきことではない。行為や制度の帰結をまったく計算しないとしたら、それは無責任ではないかと功利主義者なら言うであろう。

三つの特徴による定義

では、正確には功利主義とは何か。それは、「正しい」行為や制度とは何かという問いに対して、「最善の帰結」をもたらす行為や制度だと答える立場である。このとき最善の帰結とは、「私たちの選択によって影響を受けるすべての存在にとって、苦しみに対する幸福の余剰が、正味で可能な限り最大になること」に他ならない（ラザリ＝ラデク／シンガー『功利主義』、二〇一七年）。一言で言えば、全員にとっての幸福の最大化という帰結をもたらすことが正しいと、功利主義は主張するのである。

もう少し詳しく言うと、功利主義は三つの特徴で定義できるとされる（セン／ウィリアムズ『功利主義をのりこえて』、一九八二年）。第一は「帰結主義（consequentialism）」である。行為や制度が正しいものであるかは、それらが生み出した・または生み出す見込みの高い帰結のよさによってのみ判断される。帰結のよしあしとは別にやるべきこと・やってはいけないことはない。

これは、「義務論」（deontology）と対比される「目的論」（teleology）の立場でもある。カントの道徳哲学が義務論の典型である。義務論は、帰結とは関係なく、やるべきこととやってはいけないことがある（たとえば、たとえ人を傷つけないためでも嘘をついてはいけない）という立場である。現代ではロールズの正義論が、義務論の立場に立つ。これに対して功利主義は、よい帰結をもたらすという目的充足の観点からのみ、道徳を考える。最もよい帰結を生み出す見込みが高い場合には「嘘も方便」というわけである。

では、考慮されるべき帰結とは何か。それは個人の幸福、すなわち福利（welfare）だけだとするのが、功利主義の第二の特徴とされる「福利主義（welfarism）」である。帰結のよしあしは福利の観点から一元的に評価される。福利に関係ないがよい帰結というものはない。

第三の特徴は「集計主義（aggregation）」である。関係する個人の福利を集計して、その総和（ないし人数で割った平均）を最大化する行為や制度が正しいと認めるのである。こうした計算のことを功利計算と呼ぶ。

功利主義の類型

これらの特徴をどう解釈するかによって、功利主義には多様な変種がある。それらはどれも一長一短があり、論争的である。たとえば、集計の仕方には二つある。一つは総量主義であり福利の総計の最大化を目指す立場である。これは当然の立場だと思われるかもしれないが、実はそうではない。各人が幸せでなくとも人口を爆発的に増やすべきだという、「いとわしい結論」につながるからである。そこで、総福利ではなくて平均福利の最大化を目指す、平均功利主義という立場が生まれる。しかしこの立場にも、平均値さえ高ければ格差があってもいいのかという問題がある。

最大化されるべき福利とは何かをめぐっても争いがある（森村『幸福とは何か』、二〇一八年）。

一つは快楽説である。個人が主観的に感じる正味の快楽、すなわち快楽から苦痛を引いたものが福利だというのである。これも一見とても説得力があるが、ロバート・ノージックによる強力な批判がある。快楽を感じさえすれば幸福だというなら、快楽を経験させてくれる「経験機械」に接続されたまま、何も考えず、何も行為せずに生きることが最高の幸福だということになるかもしれない。しかしそれは幸福な人生を生きたことになるだろうか。

そこで、快苦とは独立に、個人がその選択によって示す選好ないし欲求が充足されることが幸福だという二つめの選好充足説に説得力が生まれる。しかしながらこの説も、「当人が望んだものならば何でもよいのか」、逆に言えば「当人が望んでいないものはぜんぶダメなのか」という問題に直面する。

これに答えるのが三つめの客観的リスト説である。この説によれば、快苦からも選好からも独立して、人間の幸福を構成すると考えられる客観的な要素（たとえば心身の健康や、他人の支配からの自由）がいくつか存在する。これらの要素を実現すること・または実現のための機会や能力をもつことが幸福なのである。しかしこの説に対しても、当人が選好してもいないことを実現しなければ幸福でないと当人以外の誰かが言うのは、権威主義的なお節介だという批判がありうる。

功利主義が道徳的判断の対象とするのは何かについても二つの立場がある。その一つ、行為功利主義（act utilitarianism）によれば、個々の行為がよい帰結を導くかが判断の対象である。これには、あらゆる行為に関してつねに功利計算をしなければいけないという難点がある。

もう一つの立場である規則功利主義（rule utilitarianism）は、個々の行為がそれに従う一般的な規則（たとえば、嘘をついてはいけないという規則）がおおむねよい帰結を導くか否かを判断の対象とする。この立場は、「規則崇拝」に陥って功利主義から離反するか（どんなときでも絶対に嘘をついてはいけないというのはもはや功利主義ではない）、それとも結局、行為功利主義と同じになるかというジレンマに直面する。

最後に、直接功利主義と間接功利主義という区別もある。直接功利主義は、行為者が功利主義の原理そのものに直接的に従って、意識的に福利の最大化を目指して行為することを命じる。これには、功利主義以外の理由や動機づけで行為することと両立しないという難点がある。

そこで間接功利主義は、結果的に福利を最大化できるなら、功利主義の原理以外の理由や動機づけで行為してもかまわないと考える。むしろそのほうが望ましい場合すらある。誰もが嘘をついてはいけないと信じて行動することで、福利は最大化するかもしれない。しかしこれだと、誰も功利主義そのものには従わなくてもいいという不思議な結論になる。

功利主義はこのようにさまざまな仕方で区別することが可能である。これらの区別は相互に重なり合っている。たとえば、福利について同じ快楽説を取る論者たちが、直接功利主義と間接功利主義に分かれる可能性もある。以下では、どれか特定の立場に議論を絞るのではなく、功利主義全般について論じよう。

第二節　功利主義の古典理論

ベンサム

功利主義はすぐれて近代的な、新しい哲学である。最初の功利主義者とされるジェレミー・ベンサム（一七四八―一八三二）は十八世紀終わりから十九世紀前半にかけて、その後継者でもあり批判者でもあったジョン・スチュアート・ミルは十九世紀半ばに活躍した。以下ではベンサムとミルの理論のどこが新しかったのか、どこに今でも魅力があるかを確認する。

図4-1　J. ベンサム

ベンサムは、快楽と苦痛という帰結主義的で福利主義的な指標を道徳哲学に導入し、福利ないし効用の最大化という集計主義の計算法を提案し、義務論や直観主義への批判を準備した。これらの点でベンサムは功利主義の創始者といえる。

彼以前の道徳哲学と比べたベンサムの功利主義の特徴は、平等主義と改革主義にある。福利を最大化せよという原理は文字通りすべての個人の幸福を等しく計算に入れる。言いかえれば、特権的に扱われる個人や、逆に無視されてよい個人というものはいない。これが従来の道徳哲学とどれほど異なっているかは、たとえばベンサムが女性の幸福も男性の幸福とまったく同じと考えたことに表れている。のみならず、ベンサムは公刊されなかった草稿の中では、異性愛から得られる幸福と同性愛から得られる幸福に違いはないと考えて、同性愛の脱犯罪化を示唆していた。功利主義は差別を許さないのである。このような哲学的なラディカリズムは、さまざまな政治的改革の要求につながった。多数者の利害を反映させるための議会改革（政治的平等の追求）や、刑罰による過度の苦痛を減らし、受刑者を効果的に更生させるための刑法改革などがその例である（『道徳および立法の諸原理序説』、一七八九年）。

J・S・ミル

ジョン・スチュアート・ミル（一八〇六—七三）の独自性は、功利主義の立場から自由の尊重を唱えたところにある。すなわち、幸福の主要な構成要素は個性の育成にある。個人が自由に生き、自らの個性を追求することが、その個人を幸福にし、結果的に社会全体の福利の最大化にもつながる。したがって、個人の自由は、他人に危害を与えないかぎり最大限尊重されるべきである。これは「自由原理」または「危害原理」と呼ばれる（『自由論』、一八五九年）。

政治的にはこの立場はリベラル・デモクラシーの擁護を意味した。個人の自由を尊重し、育成するためには、「多数の暴政」から個人を守る必要がある。同時に、すべての個人が自己利益の保護のために政治参加の権利をもつことも必要である。ここから、普通選挙制、女性参政権の主張が導かれる。これらは、私たちにとってきわめて馴染み深い考えである。

その一方で、よくある思い込みに反して、功利主義は利己主義ではないことをミルは強調した。功利主義はたしかに個人の福利を重視するが、他人を犠牲にして自分の利益だけを最大化することを命じるものではない。むしろまったく逆である。すべての人の福利を平等にカウントした上で、関係者すべての福利を最大化することが功利主義の命令なのである。そこでは自分の利益は関係者のうちの一人の利益にすぎず、何ら特別な意味をもたない。むしろ功利主義は、総福利を最大化するために個人に過大な自己犠牲を強いると批判されることすらある（『功利主義』、一八六一年）。

図4–2　J. S. ミル

第三節　現代の功利主義

功利主義の政治

二十世紀以降の功利主義は、経済（学）的には厚生経済学を生み出し、政治（学）的にはおおむね平等主義的な分配と個人の自由を重んじる立場、すなわちリベラリズムに親和的な傾向を示している。

功利主義が平等主義的な分配を支持する根拠は、限界効用逓減（ていげん）の法則である。たとえばあなたが一度に一万円ずつお金を受け取るとする。最初の一万円からあなたが受け取る効用は大きいだろう。次の一万円からもあなたは効用を受け取るが、最初の一万円のときに比べるとその効用は少し小さくならないだろうか。手元のお金が増えていくにつれて、新たに追加される分の一万円がもたらす効用はだんだん小さくなっていく（これを限界効用の逓減という）と考えることが理にかなっているように思われる。この法則が正しいとすれば、社会全体の福利を増やすためには、追加的な資源は現在の福利の度合いが低い人に優先的に分配されたほうが効果的である。同じ一万円ならば、一千万円の所得がある人よりも二百万円の所得しかない人に分配されたほうが、社会全体の福利を高めることが期待できる。同様の論理で、すでに高い福利を得ている人から低い福利しかもたない人への再分配も正当化されるであろう。こうして厚生経済学は福祉国家の一つの理論的支えとなった。

功利主義の政治は、個人の自由な生き方を肯定することができる。ミルが個性を重視する立場から自由の重要性を説いたことはすでに見た。選好充足説に立てば、どのような生き方でも本人がその生き方を選好するかぎり等しく福利に貢献すると考えられる。客観的リスト説であっても、自由な選択は幸福な生を構成する要素の一つであると考えることができる。このように、功利主義はいくつかの仕方でリベラリズムと一致することになる。

リチャード・M・ヘアの功利主義――二層理論と普遍的指令主義

一方、功利主義を理論的に洗練する試みも行われた。代表的なのはリチャード・M・ヘア（一九一九―二〇〇二）の、「二層理論」と「普遍的指令主義」の組み合わせによる功利主義の正当化である。

行為功利主義と規則功利主義に一長一短があることはすでに見た。ヘアはこの問題に、「直観的水準」（規則功利主義）と「批判的水準」（行為功利主義）の組み合わせによって取り組んだ。普通の場合には、日常のうちに定着している種々の道徳的直観（たとえば約束は守らなければばいけないという信念）が妥当する。というのも、いちいち考えずにそうした道徳的直観に従って行為したほうが社会全体の福利は大きくなるからである。しかしそうした直観が通用しなくなる場合（たとえば約束を果たす義務と他の義務が衝突する場合）には、「批判的水準」に移行して、その状況で何をすべきか判断するほかない。他に重要な義務があるならば、約束を守らなくてもよい場合もあるかもしれない。

この批判的水準での私たちの考慮の仕方は功利主義であるとヘアは考えた。鍵になるのは、何かを「すべし」という道徳の言語である。何かを「すべし」と判断し、そのように発話するとき私たちは、これを普遍化可能な指令として理解している。すなわち、「私」や「あなた」といった個人についてではなく、関係者すべてに当てはまる命令として理解している。その命令の中身、つまり具体的に何をすべきかを明らかにするには、関係者すべての立場に仮想的に立つことで全員の選好を自分のなかに再現し、何が最も強く選好されているのかを考えるしかない。これは選好説の功利主義に他ならない（『道徳的に考える』、一九八一年）。

ピーター・シンガーのラディカルな功利主義

功利主義の魅力の一つは、その原理を多様な問題に応用して、具体的な回答を引き出す力にある。その回答はときにラディカルなものとなり、論争を呼ぶ。現代の最も論争的な功利主義者の一人であるピーター・シンガー（一九四六―　）の立場を紹介しよう。

第一に、グローバルな倫理の擁護である。利己主義が功利主義と両立しないように、自集団の内部、たとえば自国民の排他的な優先を正当化する論理は功利主義からは導かれない。自らの福利に重大な負荷を伴わないかぎり、他国民であっても貧困者や傷病者を救済することは慈善の問題ではなく義務の問題である。具体的には、最も効果的なやり方（とりわけ寄付）によって途上国の貧困を緩和する義務が、先進国の市民にはある。

第二に、動物の福利の擁護である。快苦を感じる能力は人間という種には限定されない。つまり動物にも福利はある。にもかかわらず人間の福利だけを重んじて、動物の福利を顧慮しないことは人種差別と同様の「種差別」である。具体的には、動物に（過酷な）苦痛を与える工場畜産や不必要な動物実験は禁止されるべきであるし、人間にきわめて近い種類の福利をもつ類人猿には、人間とほぼ同じ扱いを受ける「権利」が認められるべきである。

図4-3　P.シンガー

第三に、医療倫理・生命倫理についての論争的な、挑発的とも言える主張である。シンガーによれば、苦痛だけを感じて快を得ることができない存在や、そもそも快も苦痛も感じない存在というものが存在する。前者の例として、極度に苦痛が大きく回復の見込みのない傷病者がいる。後者の例として、神経組織が未発達な段階の胎児がいる。シンガーの考えでは、そうした傷病者が自死を選んだり、そうした胎児を中絶したりすることは、必ずしも不正ではない。こうして自発的安楽死と妊娠中絶が功利主義的に正当化される。これらも依然として論争的な問題であるが、さらに激烈な論争を呼んだのは、きわめて重大な病気や障碍をもって生まれてきた新生児についてのシンガーの主張である。シンガーは、そうした新生児を医師の判断と親の同意のもとで死なせることは、少なくとも不正ではない場合があると言う(『実践の倫理　新版』、一九九三年)。

こうしてみると、功利主義が「常識」的であるというイメージは覆されるかもしれない。むしろ功利主義は、関係者すべての福利を最大化すべきという受け入れやすい原理から、常識を揺さぶるような結論を引き出すラディカルな立場なのである。

第四節　功利主義に対する批判

ロールズの功利主義批判

二十世紀半ばまでには功利主義は道徳理論、政治理論における支配的な立場とみなされるようになっていた。功利主義的な考え方があまりにも支配的になったせいで、他の考え方がもはや生まれず、結果として規範的な政治哲学ないし政治理論は活力を失って衰亡したとみなす立場すらあった。この状況を変えて、功利主義に代わる政治理論を打ち出そうとしたのがジョン・ロールズやアマルティア・センである。彼らの功利主義批判と代替理論には説得力があったので、一九七〇年代以降、功利主義はむしろ守勢に立たされるようになった。

『正義論』の冒頭でロールズは、個人は、社会全体の福利のために犠牲にされてはならない「不可侵なもの」をもつと断言する。ここにはロールズの功利主義批判が集約して示されている。もう少し詳しく言うと、功利主義には次のような問題がある。

第一に、個人間の差異の無視である。ロールズによれば「功利主義は諸個人の間の差異を真剣に受け止めていない」。功利主義は、個人にとっての選択の原理（福利の最大化）をそのまま社会全体の選択の原理にしてしまう。その結果、誰かにとって非常に不利益をもたらす行為や制度でも、他の人びとにとって、その不利益を補ってあまりある大きな利益をもたらすのであれば、正しい行為や正しい制度とされてしまうことがありうる。

第二に、分配の原理の欠如である。「諸個人の間で福利の総和がどのように分配されるか」を功利主義は問題にしない。福利の総和さえ大きくなるのであれば、不平等な分配が正当化される可能性がある。

第三に、欲求の質や源泉の無視である。他者の自由の剝奪や他者に対する差別から引き出される福利も、他の福利と同じように功利計算にカウントされてしまう。例として、多数派が少数派の宗教・民族的出自・性的指向などを嫌悪しており、少数派を迫害することから幸福を感じる場合がある。このような選好を、その他の選好と同じように計算に入れることは私たちの直観に反するように思われる。

第四に、功利主義は心理的な困難を引きおこす。功利主義は上記の三つの場合に生じる「犠牲」を、全体の利益の観点から、道徳的に正しいこととして受け入れることを「犠牲者」に要求する。極端な例を挙げれば、差別される少数派は、功利主義にコミットするかぎり、自分たちが差別されることは「正しい」ことなのだと考え続けなければならない。これは心理的に無理があるとロールズは考える。

こうしたロールズの批判以降、功利主義とリベラリズムの間には実は潜在的な対立関係があることが意識されるようになった。個人の権利を何よりも重んじるリベラリズムは、全体の福利のほうを重んじる功利主義とは、必ずしも一致しないのである。

その他の批判

センの功利主義批判として有名なのは、功利主義は「適応的選好形成」(adaptive preference formation) を容認するというものである。劣悪な境遇に適応を余儀なくされることにより、選好そのものが萎縮してしまうことがありうる。例として、差別や偏見によって教育や労働の機会を与えられない人びとが、そうした機会そのものを断念し、欲求しなくなってしまう場合を考えてほしい。功利主義はそうした境遇における歪められた選好も、他の選好とまったく同じように妥当なものとカウントしてしまう。功利主義(とくに選好充足説)にとっては、当人が選好していないものを与えられなくても何も問題はないので、こうした事態の改善は要求されない。しかしこれも、私たちの直観に反するように思われる。

バーナード・ウィリアムズ(一九二九—二〇〇三)は「植民地総督府功利主義」(government house utilitarianism) への批判を提起した。間接功利主義は、その規則がすべての人に知られていること(公開性)を要求しない。結果として幸福の最大化が得られればそれでよいと考える。そのため、少数のエリートが、多数を占める人びとに統治の原理を公開しなかったり、それ自体は功利主義的でない行動原理を教え込む洗脳を行ったりすることが正当化されるおそれがあるというのである。このような「秘教的」道徳にはどこか問題があると考える人も多いだろう。

第五節　公共哲学としての功利主義

大雑把な功利主義

ロバート・E・グッディン（一九五〇―　）は功利主義に向けられる批判に応える形で、私的な個人の倫理ではなく、公共的なものについての規範理論としての功利主義だけを擁護しようとしている。功利主義は、もっぱら公共哲学として考えることができるし、そのように考えればきわめて妥当な考え方だというのである（『公共哲学としての功利主義』、一九九五年）。

グッディンの考える功利主義は、何よりも公（おおやけ）の一般的な規則や制度にだけ関わる。したがって、個人の個々の行為についての細かすぎる功利計算はする必要がない。「大雑把に言って」幸福を増大する見込みの高い政策をとることだけが公共哲学としての功利主義の課題である。

いっそう重要なことだが、公共哲学としての功利主義は、一般的な規則や制度は「ある一定の水準ではすべての人に関して標準的と言える基本的な利益」に関わるものだと想定する。この考え方は客観的リスト説に含まれるだろう。そのような一般的で基本的な利益を促進することだけが功利主義の目的ならば、個人間で幸福の度合いを比較し合計するというやっかいな問題も避けることができる。

加えて公共哲学としての功利主義は、公開性を尊重する。公開された一般的規則に全員が従うことの効用（相互行為の予測可能性）を重視するからである。同時に、公開された一般的規則によって人びとの基本的利益を促進することだけを課題とする功利主義は、全体の幸福を増すために一部の個人の権利を犠牲にすることもない。たとえば、秘密裡に誰かを殺害することで全体の福利を増大できるというような考えは、公開性と両立しない。ゆえに、こうした「極端な事例」を引き合いに出す功利主義批判は、公共哲学としての功利主義に対しては的を射ていない。

国家の正当化

公共哲学としての功利主義は国家を正当化する。一般的な規則に関わる集合的行為の問題（たとえばフリーライダーの存在）を解決する責任を個人や国家以外の集団に任せることはできないので、国家が存在し、責任を果たすべきである。このとき、国家に協力しない個人は、国家（に協力する他の人びと）が道徳的責任を果たすことを妨害しているので、強制されてかまわない。

さらに、国家が「物理的安全」を供給する責任を負うとすれば、同じ論理でもって「経済的安全」を供給する責任も負うことになるとグッディンは言う。こうして功利主義は、アナーキズムやリバタリアニズムを退け、リベラルな福祉国家を正当化できるとされる。

最後に、功利主義を直接に自らの行為原理とすべきなのは、公職者に限られる。これによって、功利主義は個人に多くを要求しすぎであるという批判が回避できる。公職者以外の普通の人には功利主義はそれほど多くを要求しないからである。たとえば、家族を大事にすることは、普通の人の場合には問題でない。家族を優先することが問題になるのは、公職者の場合だけである。

一方、しばしば指摘される功利主義の欠陥のいくつかは、公共哲学としての功利主義にとってはむしろ長所になる。たとえば、功利主義は非人格的だと批判されるが、個人の利害や愛着から中立的なことは、公職者の場合には長所である。功利主義は打算的だと批判されることもあるが、直観的でなく慎重な計算を重視することも、公職者としては望ましいことである。さらに、功利主義は即物的で高尚さに欠ける、もっと言えば品がないとみなされることもあるが、現世的・実用的な福利以外の要素に左右されないのも、公職者としてはふさわしいことではないだろうか。

以上から、少なくとも、広い意味での功利主義が私たちにとって有力な公共哲学の一つであることは、明らかだと思われる。功利主義がリベラリズムやリバタリアニズムといったライヴァルと比べてどれほど説得力をもつかは、依然として開かれた問題である。

第五章 リベラリズムの公共哲学

第一節 リベラリズムとは何か

リベラリズムの多義性

リベラリズムは功利主義と並んで、十九世紀以降最も有力な公共哲学の一つといってよい。とりわけ二十世紀の終盤には、学問として高度に発達を遂げただけでなく、西ヨーロッパやアメリカの先進国の政治と経済を実際に支える考え方とみなされた。

リベラリズムは「自由主義」と訳されることもあるが、自由主義という言葉はリベラリズムの幅広い含意をカバーするのに十分ではない。リベラリズムは自由（とくに狭い意味での経済的自由）だけを重んじる立場ではない。現代の公共哲学としてのリベラリズムは、むしろ経済的な保障、社会的平等の追求、多様なライフスタイルへの寛容などを重んじる立場である。たとえばアメリカでは、一九六〇年代にリンドン・ジョンソン大統領が示した「偉大な社会」構想に見られるように、社会保障政策に積極的で、人種間の差別をなくし、文化的な多様性を包摂しようとする立場がリベラルであり、保守主義と対置される。政党で言えば、民主党がリベラルな党、共和党が保守的な党である。日本の自由民主党は、党名に自由という言葉が入っているが、リベラルな党とみなされることは普通ない。その理由の一つは、文化、教育、家族などに関してきわめて保守的な層を党内にかかえているからである。

図5-1　J.ロールズ

リベラリズムのもつこうした多義性を包摂した二冊の大著、『正義論』（一九七一年）と『政治的リベラリズム』（一九九三年）によって、過去五十年間のリベラリズムに絶大な影響を及ぼしたのがジョン・ロールズ（一九二一―二〇〇二）である。ロールズの立場は、平等に焦点を合わせたとき「リベラルな平等主義」と呼ばれ、寛容に焦点を合わせたとき「政治的リベラリズム」と呼ばれる。この章では、ロールズの公共哲学とそれをめぐる論争に焦点を絞って議論する。

リベラリズムの条件

ある政治的立場がリベラルと称されるための条件を、ロールズは次のように説明している（『政治哲学史講義』、二〇〇七年）。第一に、一連の平等な基本的自由ないし権利を保障することである。第二に、これらの自由ないし権利に優先性を認めることである。すなわち、より大きな福利と自由が競合関係にある場合、自由が優先される。この点でリベラリズムはある種の功利主義とは両立しない。第三に、自由や権利を形式的なものとしないために、それらを実現するための手段を政府が社会の全成員に保障することである。具体的には所得と富の公正な分配、教育やヘルスケアの供給が求められる。次章で詳しく見ることになるが、リバタリアニズムやネオリベラリズムにはこの第三の要素がない。

ロールズのリベラリズムには、もう一つ、欠かせない要素がある。それが政治的リベラリズムである。ロールズは現代社会の特徴としての「理にかなった（reasonable）多元性の事実」を重視する。すなわち、自由な社会ではどこでも、多種多様な宗教的・道徳的・哲学的価値観が並存する。それらは互いに一致することはない。しかしそれらが互いに寛容になり、共通の政治制度を支持することは不可能ではないと主張するのが、政治的リベラリズムである。

以下ではまず、ロールズのリベラルな平等主義の正義論を確認し、政治的リベラリズムについては最後に論じることにしよう。

第二節　ロールズの正義論の概要

ロールズの基本的な観念

ロールズの正義論に関して最も広く知られている要素の一つは、「原初状態」(original position) での当事者 (parties) は「無知のヴェール」(veil of ignorance) をかぶらされているというアイディアだろう。現実とは違った空想の状態で、自分たちと社会についての情報を奪われた人びとが、合理的な推論によって、社会正義を実現するための原理を選択するという図式である。これはたしかに誤った理解ではないが、しかし、無知な人間が何の前提もなしに正義の原理を選べるとロールズが考えていたわけではない。むしろロールズは、民主的な社会の市民(私たち) が共有していると考えられる基本的な観念に依拠して議論を展開する。その意味でロールズは空想的な理論家ではない。

とくに重要なのは市民と社会の観念である。ロールズによれば、私たち市民は、自らを道徳的人格とみなして生活している。具体的には、市民には二つの「道徳的能力」があると私たちは考えている。一つ目は、自らの「善の構想」(conception of the good)を形成し、修正し、合理的に追求する能力である。善の構想とは、自分にとってどのような人生が「よい人生」であるかについての、自分自身の考え方を指す。二つ目は、「正義感覚」(sense of justice)を行使して社会的協働の公正な条件にしたがって行為する能力である。正義感覚をもつとは、他人にも受け入れ可能な、言いかえれば「理にかなった」社会的協働の条件を提案し、その条件に(相手も従うかぎり)進んで従う用意があるということである。

「社会的協働」(social cooperation)とは、お互いの暮らし向きをよくするために市民が協力して生産や分配に携わるシステムである。市民はその協働からの「便益」と「負担」を公正にシェアする。社会的協働において私たちは、狭い自己利益だけを追求しているわけでも、純粋に利他的に動いているわけでもない。その中間で、自分にも他人にも利益のある、「相互性」(reciprocity)の関係を維持しようと心がけているとロールズは考える。

社会には「基礎構造」(basic structure)が備わっている。社会の基礎構造とは、市民がもつ基本的な権利と義務を規定し、社会的協働がもたらす便益と負担を分配する主要な諸制度の体系的な組み合わせを指す。この基礎構造を規制するのが「正義の原理」ということになる。

ロールズは自らの正義の構想を「公正としての正義」と呼称する。社会契約論の伝統を受け継いでいるので、契約理論とか契約説と呼ばれることもある。ここで「公正」(fairness) とは、ゲームやスポーツを始めるときには、どのプレーヤーも同じ地位にいることを指す。「公正な初期状況において合意されるものが正義の原理である」、言いかえれば、誰も不利な人がいない状況での合意という手続きが、実質的な正義の原理を正当化するとロールズは考える。私たちの多元的な社会では、正義の原理は公正な手続きによって正当化されるしかない。神の権威や、私たちの選択と関係なく普遍的に妥当する自然法について同意が存在しない以上、私たち自身が公正な仕方で正義の原理を選び取らなければならない。

原初状態

そのための「公正な初期状況」が原初状態である。これは、契約の全当事者間の関係が対称的であるような状態である。原初状態の「当事者」とは、「自分自身の利益を増進しようと努めている自由で合理的な諸個人」の代表である。当事者はいくつかの選択肢の中から、最も適切な正義の原理を選び出すことが期待される。実質的に比較の対象となるのはロールズの正義の二原理と功利主義にほぼ限られる。

原初状態を、社会がなくて個人しかいない「自然状態」や、文明が未発達な「原始状態」と誤解してはならない。また、当事者を生身の人間と取り違えてはならない。私たちがいまここで正義について考えるときに立つはずの仮説的な視点が原初状態である。それは「もし私たちが正義の原理を選ぶとしたら、どのように選ぶか」をイメージするための思考実験である。したがって、当事者は合理的に正義の原理を選ぶのであるが、その推論の背景となる原初状態の設定は、正義についての私たちの理にかなった確信に根拠をもっている。

無知のヴェールとマキシミン・ルール

そうした確信としていくつかのものを挙げよう。最初に、無知のヴェールを妥当なものとする一連の確信がある。無知のヴェールをかぶらされた当事者からは、自己と他者の相違についての情報（体力・才能・ジェンダー・人種・階級や、善の構想の中身に関する違い）が隠される。これにより、各当事者はまったく同一の合理的推論にもとづいて正義の原理を選択する。

正義の原理のように重要なものを、自分について何も知らない状態で選択するというアイディアには、無理があるように見える。しかしロールズは、いくつかの広く合意される条件から、無知のヴェールの想定は問題なく導かれると断言する。すなわち、正義の原理を選択する場面では、偶然的な事情で有利な人と不利な人がいるべきではないと私たちは信じている。各人固有の状況に合わせて原理を「仕立てる」ことは不可能であるべきだとも信じている。さらに特定の性向、願望、善の構想が原理の選択に影響を及ぼすべきではないとも信じている。

ロールズ自身の挙げている例であるが、人びとは、自分が裕福だと知っているなら、福祉政策のための課税を認めないような正義の原理を「仕立て」たくなるかもしれない。逆に裕福でないことを知っているなら、そうした課税を認める正義の原理を求めるかもしれない。しかし、このような仕方は正義の原理を選択するための正しい手続きではないと私たちは信じる。裕福な人にもそうでない人にも納得のいく仕方で正義の原理が選ばれることを私たちは求める。そのことを確実にするためには、自分が裕福だともそうでないとも知らない状態の当事者が選択することが重要なのである。

もう一つの重要な確信は、当事者は「マキシミン・ルール」という独特のルールにしたがって正義の原理を選ぶというものである。それは、悪い事態がいくつか考えられるとき、そのなかで本当に最悪の事態を避け、最もましな事態を選ぶルールである。ロールズによれば、無知のヴェールで情報を奪われている、きわめて不確実な状況の下で、正義の原理を選ぶという人生を左右する判断を迫られた当事者は、マキシミン・ルールを使うと考えることが理にかなっている。すなわち、とうてい耐えられない最悪の事態をもたらす可能性のある正義の原理を選ぶはずはない。なんとか耐えられる事態をもたらす原理を選ぶはずである。

具体的には当事者は、自らの「社会的基本財」（social primary goods）の取り分が、最悪の場合でもなるべく大きくなるような原理を選ぼうとする。社会的基本財とは市民が市民らしい生活を送るために必要とする、社会的に生産され分配される財である。ロールズは、権利、自由、機会、所得と富、（政治的）権力、それに「自尊の社会的基盤」といったものを社会的基本財として挙げている。

正義の二原理

これらの想定を置いたとき、当事者が満場一致で選ぶのが正義の二原理（two principles of justice）である。それらは第一原理（平等な自由原理）と、第二原理（公正な機会の平等原理と格差原理）からなる。すなわち、実質的には三つの原理がある。以下では最終的な定式を示そう（『公正としての正義 再説』、二〇〇一年）。

第一原理　各人は、平等な基本的諸自由からなる一つの完全な枠組みへの、同一のけっして棄却されることのない請求権をもつ。なおかつその枠組みは、諸自由からなる同一の枠組みを全員がもつことと両立する。

第二原理　社会的・経済的な不平等は、二つの条件を満たさなければならない。第一に、それらの不平等は、公正な機会の平等という条件のもとで全員に開かれた職務と地位に付随するものであること［公正な機会の平等原理］。第二に、それらの不平等は、社会の最も不利な構成員にとって最大限の便益をもたらすものであること［格差原理］。

三つの原理の間には優先順位がある。最初に第一原理が充足されなければならず、その後に公正な機会の平等原理が、最後に格差原理が考慮される。つまり、社会的・経済的な不平等の緩和のためであっても、基本的自由が制限されることはありえない。

平等な自由原理が要求するのは、「属性」による差別の禁止である。基本的自由ないし権利に関してはいかなる不平等も許されない。基本的自由の例としてロールズが挙げるのは、①思想の自由と良心の自由、②政治的自由（たとえば投票権や公職に就く権利）と言論および結社の自由、③人格の自由と不可侵性の観点から説明される各種の権利と自由（たとえば精神的な不可侵性の観点からは名誉毀損を受けない権利、身体的な不可侵性の観点からは性的虐待を受けない権利などが考えられる）、④法の支配に含まれる各種の権利と自由（たとえば恣意的な逮捕や押収を受けない権利）などである。動産を個人的に所有し使用する権利としての経済的自由は基本的自由だが、天然資源や生産手段を所有することは基本的自由に入っていない。

公正な機会の平等原理（principle of fair equality of opportunity）が目指すのは、社会的偶然性が不公正な競争につながらないようにすることである。たんに権利上の差別がないだけでなく、学歴や職業の機会をめぐる競争がすべての人にとって実質的に「フェアな条件」で行われることが求められる。具体的には、不利な境遇に生まれた子どもが有利な境遇に生まれた子どもと対等に競争できるようにするため、富の集中を制限し教育に公的資金を投入することが要求される。

格差原理（difference principle）が追求するのは、自然的偶然性が社会の最も不利な構成員にとってマイナスに働かないようにすることである。その前提として、公正な機会の平等原理には限界があることをロールズは認める。家族制度を前提とするかぎり、異なる家庭に属する子どもたちの間で完全な機会の平等はありえない。さらに、公正な競争にも運が悪いだけで敗者になる人は存在する。たとえば、生まれつき能力に恵まれない人がそうである。このとき社会の基礎構造は、そうすることで運に恵まれていない人びとの生の見通しを改善できるのでないかぎり、すでに運に恵まれている人びとの生の見通しをさらによいものにすべきではない、と格差原理は主張する。ようするに、裕福な人びととそうでない人びとの間の「格差」は、それが裕福でない人びとの境遇を改善するものであるかぎりにおいてのみ、不正ではない。

格差の存在が裕福でない人びとに有利に働くというのはありえないことに思われるかもしれな

い。しかし、格差すなわち不平等な分配が、才能や機会に恵まれた人びと、たとえば企業家にとってインセンティヴとして働くならば、不平等があるおかげで社会全体の生産性が高まり富の総量が増えて、結果的に全員が利益を受けるかもしれない。完全な平等状態よりも、不平等があったほうが全員の絶対的な暮らし向きがよくなる可能性はある。このとき、最もわずかの分配しか受け取れない人びと、たとえば未熟練労働者の取り分を、格差の存在しない状態と比べて最大限改善するのに資する不平等だけが、正義にかなう格差ということになる。

以上の考え方は、いわゆる「トリクル・ダウン」に似ているとされることも多いが、ロールズ自身はそれとは違うと考えている。トリクル・ダウンが、豊かな人びとが最初に大きな利益を得て、その利益が豊かでない人びとにもわずかながら「均霑（きんてん）」することに期待するのに対して、格差原理は、豊かでない人びとの取り分が最大限改善されないかぎり、豊かな人びとが先に大きな利益を得ることは正しくないと主張するからである。これをロールズは「相互性の原理」とも呼んでいる。

ロールズの格差原理がアファーマティヴ・アクション（積極的格差是正措置）を要求するという解釈があるが、これは正しくない。格差原理が容認する格差は、最も不利な人びととそれ以外の人びととの間の、インセンティヴとして働く格差のことであって、最も不利な人びとに特別な優遇措置を取ること（たとえば、大学入試において優先的な扱いをするといったこと）ではない。

ロールズの三つの原理のうち、アファーマティヴ・アクションと関係するものがあるとすると、それは格差原理ではなく、公正な機会の平等原理であろう。すなわち、差別のせいで、教育や就職の機会が不正に制限された集団が存在する場合、そうした人びとの機会を改善するために特別の配慮が認められることはありうるかもしれない。ただし、これはあくまでもひどい不正義がある場合のやむを得ない措置であって、正義にかなった社会では特別扱いは認められない。公正な機会の平等原理が要求するのは特別扱いではない。競争を公正にするための実質的な機会の保障である。

功利主義が選ばれない理由

ロールズによれば、原初状態では功利主義の正義の原理が選択されることはない。前章で見たとおり、ある種の粗野な功利主義では、少数派の基本的な自由や権利が侵害されたり、経済的・社会的に最も不利な分配を受ける人の利益が他の人の利益のために犠牲にされたりする可能性を完全には否定できない。当事者が合理的に判断するかぎり、そのような功利主義の原理が選択されるとは思えない。とくに、選択肢として正義の二原理があるときに、あえてそのような功利主義の原理を選ぶことは明らかに合理的ではない。正義の二原理を選んだほうが「最悪の事態」ははるかにましなものとなるからである。

しかし、基本的権利を無視するようなタイプの功利主義を支持する人がいないのはほぼ自明のことだろう。そこで、リベラリズムにとってより現実的なライヴァルとなるのは、基本的な自由や平等を保護し、すべての人に最低限度の福利を保障した上で、最後に平均的な福利を最大化しようとする功利主義である。言いかえると、平等な自由原理と公正な機会の平等原理を受け入れた上で、格差原理に代えてミニマムな生活保障と平均功利主義の組み合わせを採択する功利主義である。

ロールズはそのような「制限つき」の功利主義であっても、他に格差原理という選択肢があるかぎり、選ばれることはないと主張する。最も重要な理由は、制限つき功利主義は格差原理に比べれば相互性の原理に忠実ではないという点である。格差原理の下では最も不利な人の境遇は最優先で改善される。しかるに、功利主義の下では、平均的な福利が高まるならば、不利な人の福利は高まらないのに（それどころか、場合によっては低下するのに）恵まれた人の福利だけが高まることが許される。これは相互性の観点からは受け入れがたいというのである。

このような制限つき功利主義への批判は、既存の福祉国家への批判につながる。すなわち、制限つき功利主義にのっとって「まともな」（decent）生活保障を提供するだけの福祉国家では「経済的・社会的不平等を規制すべき相互性の原理が承認されていない」とロールズは考える。

具体的には、既存の「福祉国家型資本主義」には次のような問題がある。何よりも、それは重大な経済的格差を許容する。生産手段と、そこから得られる利潤が一部の人びとに独占されることをそれは認めるからである。しかもそれは、経済的な力の政治的な力への変換も黙認する。その結果、政治的自由の「公正な価値」は保障されず、社会の一部が社会の全体を政治的に支配することを許してしまう。

たしかに福祉国家型資本主義も、所得の再分配によって生活保障を行う。しかしそれは、事後的なミニマム保障にとどまる点に限界がある。所得の大きな不平等を放置した上で、事後的かつ最小限の再分配を行うだけでは、人びとの生の見通しにおける甚大で持続的な格差を許容することになる。すなわち、一度不利な状態に陥った人びとの生活が根本的に改善される見通しはない。これでは、不利な状態にある人びとにとって「自尊の社会的基盤」は損なわれる。そうした人びとには、自分たちの存在が社会の他の成員から肯定されていると感じるための根拠がない。こうして、社会生活に背を向けた「アンダークラス」が生まれ、社会統合は失われる。

福祉国家型資本主義に代えてロールズが提案するのが、「財産所有のデモクラシー」

(property-owning democracy)の構想である。一言で言えばそれは「事後的な救済」から「事前の分散」への転換である。生産が行われ所得が分配される以前に、生産に投入される資産、具体的には富や資本と人的資本を、なるべく幅広く分散させることがポイントとなる。なかでも、相続や不動産所有に規制を加え富の集中を防ぐこと、教育や職業訓練を通じて多くの人が人的資本を手にすることができるようにすることをロールズは示唆している。

第三節　政治的リベラリズムへの「転向」?

『正義論』とリベラリズム

実はロールズ自身は『正義論』でリベラリズムという語をほとんど使っておらず、自らの立場をリベラリズムと称してもいない。むしろ自らの立場を古典的リベラリズムと区別して「民主的な平等」と呼んでいるのである。

彼の立場がリベラリズムを代表するとみなされるようになったのは、彼の解釈者や批判者が彼の理論をリベラル・デモクラシーの哲学的正当化とみなしたからである。リベラル・デモクラシーという観念は、冷戦期のアメリカで西洋文明自体を支える原理とされた（ベル「リベラリズムとは何か」、二〇一四年）。その中身は、自由、寛容、立憲主義といったリベラルな政治の要素と、再分配を行う福祉国家という（ヨーロッパの社会民主主義に近い）要素であった。このような文脈の中で、『正義論』は「偉大な社会」の合理化ないし正当化とみなされたのであった。

しかし、この理解が必ずしも正確でないことは以上から明らかだろう。ロールズの公正な機会の平等原理は、アファーマティヴ・アクションを正当化するというよりも、そのような政策がもはや不要なほど、教育や就職の機会が平等に行きわたった社会を追求する。格差原理は所得の再分配にとどまらず、最も不利な人びとの生の見通し全体の改善を要求する。ロールズは福祉国家の擁護者ではない。

一九八〇年代以降のロールズ

一九八〇年代以降、『政治的リベラリズム』に至る一連の論文の中で、ロールズは自らの立場をリベラリズムと呼ぶようになる。その際に強調されるのは、リベラリズムにおける寛容ないし多元性の尊重という要素である。ここでのロールズの主要な関心は、よい生についての多様な構想が並存する現代社会において、正義の訴えは市民から安定した支持を得られるかという問題（安定性の問題）と、自由で平等な市民に対する政府による強制力の行使は正統性をもちうるかという問題（正統性の問題）にある。これらの問題に取り組むためにロールズは、特定の哲学的・道徳的・宗教的世界観に依拠する「包括的リベラリズム」として自らの理論を導出することを差し控える。包括的リベラリズムは異なった世界観をもつ市民すべてから支持を得られる見込みがないからである。この点でロールズの認識はハーバーマスのそれと一致する。

その代わりにロールズは、特定の世界観に頼らずに、民主的な社会の「公共的政治文化」の中で市民に共有された観念だけから構成された、「正義の政治的構想」ならば、多様な世界観の間の「重なり合うコンセンサス」（overlapping consensus）の対象となり、安定性を得られるだろうという期待を表明する。さらに、そうしたコンセンサスの範囲内で、「公共的理由」にもとづいて行使される強制力には正統性も備わると考えられる。このようにしてリベラルな正義の追求に安定性と正統性を確保するのが政治的リベラリズムなのである。

正統性と正義

重要なのは、リベラルな正義の政治的構想は複数存在しうるのであって、ロールズの「公正としての正義」はその一つでしかない点である。ロールズはリベラルな正義の政治的構想の条件として、基本的自由の保障、それらの自由の優先性、それらの自由を活用するための基本財の供給の三つを挙げていた。強制力の行使はこれらの条件に合致するとき正統性を有する。

　これらの条件と、正義の二原理との微妙な違いに注目してもらいたい。とくに、格差原理が正統性の条件に含まれないことは重要である。正義の二原理が放棄されたわけではないが、完全に正義にかなってはいないとしても正統性のある体制というものが認められる可能性はある。たとえば、格差原理のない福祉国家体制であっても、正統性があることになるかもしれない。実際ロールズは、ある種の功利主義も適切に解釈されるならば重なり合うコンセンサスの一部となり、リベラルな政治的構想を支持しうることを示唆している。功利主義にのっとった福祉国家型資本主義の体制は、完全に正義にかなっているわけではないが、不当でもないように思われる。

リベラリズムと公共的政治文化

　ロールズの「政治的転向」の要因については議論が続いている。ここでは、世界観の多元性が現代のリベラルな社会の不変の条件であるというロールズの認識を確認しておきたい。一九八〇年代には、社会的・経済的利益の分配をめぐる「分配的正義」の問題に加えて、「文化」の問題がアメリカ政治の主要な争点の一つとなった。妊娠中絶、同性愛、多文化主義などに関するリベラル派と保守派の「文化戦争」に直面して、リベラルな立場からの調停案として示されたのが政治的リベラリズムだったと考えても、誤りではないだろう。基本的自由の保障されたリベラルな社会では、こうした争点をめぐって立場が対立することは避けられない。しかしながら、対立が戦争に至ることは必然ではないとロールズは期待した。重なり合うコンセンサスに支えられた寛容で正統な政治の見通しがあることを、すなわち「政治的価値」にのっとって対立の調停がなされうることをロールズは示そうとしたのである。

このように考えると、ロールズのリベラリズムは全体として、重なり合うコンセンサスを可能にする公共的政治文化に依存していることがわかる。しかし、果たして私たちの社会はそのようなリベラルな文化を本当に有しているのだろうか。経済的な格差と文化的な分断はリベラルな文化をむしばんでいないか。私たちの社会がリベラルな文化を有しているとしても、それを共有しない社会も存在するのではないか。リベラルでない社会に対してリベラルな社会はどう関係を結ぶべきか。現代のリベラリズムはこれらの問いに直面しているのである。次章では、これらの問いの中でも、私たちの社会の内部におけるリベラリズムへの挑戦の試みの一つを見よう。それはリバタリアニズムによるリベラリズム批判である。

第六章 リバタリアニズムの公共哲学

第一節 リバタリアニズムとは何か

リバタリアニズムという言葉

リバタリアニズム（libertarianism）は、自由尊重主義、自由至上主義などと訳されることもある。リベラリズムとは名前が似ているが、ロールズに代表される現代のリベラリズムと、リバタリアニズムは明らかに違う。リベラリズムが自由の他に平等や寛容を重視するのに対して、リバタリアニズムは自由だけに徹底的にこだわる。それは一言で言えば、「他人の自由を侵害しない限り何をやっても許される。他人の自由を侵害することは、たとえその人のためであろうと社会全体のためであろうと許されない」という立場である。

リバタリアニズムは、とくにアメリカ合衆国では、リベラリズムに対する最も強力なライヴァルの一つである。この章ではフリードリヒ・ハイエクとロバート・ノージックのリバタリアニズムを、ロールズのリベラリズムとの対比において取り上げる。

リバタリアニズムと保守主義・ネオリベラリズム

ただしその前に、同じくリベラリズムに対立するものである二つの立場、保守主義およびネオリベラリズムとリバタリアニズムとの関係を整理しておこう。

リバタリアニズムは、リベラリズムと違って、「小さな政府」を志向するので保守主義の一種だと思われるかもしれない。しかしリバタリアニズムは、個人のライフスタイルの自由を重んじる点、特定の宗教や文化的伝統に依拠しない点、自由貿易や移民の自由を支持する点など、保守主義とは違う点のほうが多い。

ネオリベラリズムは多義的な概念であるが、ここでは、一九八〇年代以降に西側の先進国で優勢になると同時に発展途上国にも輸出された、民営化、規制緩和、自由化、緊縮財政などを中心とした政策パッケージを指すとしておこう。リバタリアニズムが支持する政策はネオリベラリズムと重なる部分が多い。ネオリベラリズムの哲学的な裏づけの一つがリバタリアニズムだとも考えられる。中でもハイエクの思想は、ネオリベラリズムの中心的な支柱とみなされる。

第二節　ハイエクの自生的秩序論

ハイエクと古典的リベラリズム

オーストリア出身でイギリスやアメリカで活躍したフリードリヒ・A・v・ハイエク（一八九九―一九九二）は、リバタリアンを自認してはいない。むしろ、自らをイギリスの伝統にのっとった「古典的」リベラリズムの支持者とみなしていた。ハイエクは、国家の役割をすべて否定するわけではないが、計画経済に対する自由市場経済の優位を主張し、二十世紀の社会主義国家やケインズ主義的福祉国家を拒絶する。前章で見たリベラリズムよりも古い、十九世紀的なリベラリズムの立場を支持したのである。

以下では、「集産主義」と「設計（構成）主義」に対する批判、「自生的秩序」の擁護、「社会正義」の否定を取り上げる。

集産主義批判

『隷従への道』（一九四四年）においてハイエクは、同時代のドイツやソ連で権力を掌握し、イギリスでも力を得ていた集産主義の試みを批判した。ここで集産主義（collectivism）とは、経済から市場競争を排除して計画化すること、そのために政治的集権体制を確立することを目指す運動である。ハイエクによれば、ドイツのナチスやソ連の共産党ばかりでなく、イギリスの労働党も、新しい経済秩序を計画的につくりだそうとしていた点で集産主義であった。

しかしハイエクによれば、大規模で複雑な社会では、計画化の試みは人間の知的能力を超えている。この結論は、すでに一九三〇年代の「社会主義経済計算論争」において明らかであったとハイエクは考えていた。中央政府が計画にのっとって合理的な資源配分を行うには、政府はあらゆる財やサーヴィスの供給について、関連する当事者すべての正確な需要（誰が、何を、どれだけの価格で購入しようとしているか）を知らなければならない。けれども、市場の取引に先立ってそのような情報を知ることはできない。需要と供給は価格を参照しなければ定まらないのであるから、市場競争によって価格が定まる前にそうした情報を知ることは、端的に不可能なのである。

集産主義は不可能であるだけでなく、自由にとって有害である。計画化のもとでは市場における自由な経済活動の廃棄によって個人の自由な生き方が損なわれ、個人主義が否定されつつある。計画化は必然的に隷従への道なのである。

集産主義批判の思想的背景には、構成主義（constructivism）への批判がある。構成主義とは、一定の疑うことのできない前提から、人為的かつ合理的に「構成」（または検証ないし正当化）されたもの以外は、「真理である」「正しい」とは認めない立場である。計画化への情熱の背後には、理性の構成的能力への確信がある。しかしハイエクによればこれは近代的な理性中心主義の「致命的な思いあがり」にすぎない。

図6-1　F. ハイエク

ただし、ハイエクは理性の働きをいっさい信用しないわけではない。ハイエクによれば、二種類の合理主義があり、理性によって認識される二種類の秩序がそれらに対応している。すなわち、理性そのものによって作られた秩序＝タクシスを認識できるとする構成主義的合理主義と、人間理性が知りうるのは「成長した」秩序＝コスモスに限られるとする進化論的合理主義である。ハイエクは、進化論的合理主義の立場に立ち、自生的秩序（カタラクシーとも呼ばれる）を維持することの重要性を強調する。

自生的秩序としての市場の擁護

自生的秩序（spontaneous order）とは、多くの人びとの行為が合成した結果だが、誰かの意図や設計の結果ではないような秩序である。言語、伝統、道具、慣習法などがその例とされる。言語は誰かが設計してできたわけではない。無数の人びとの長い歴史を通じた行為がいまある言語を生み出したのである。設計されたわけではないにもかかわらず、どの言語も一定の秩序を形成しており、それによって私たちの複雑なコミュニケーションが可能になっている。

同様に市場も自生的秩序である。それは、価格を通じて生産や消費についての情報を発見し、その伝達を促す情報システムである。市場は、明示的な設計や指令なしに暗黙の裡（うち）に、社会に散在する多様な情報と知識を効率的に媒介する。これによって私たちの、複雑な経済活動を伴う自由な社会が可能になるのである。これに対して、すでに見たように計画社会はそのメリットを活かすことができない。

市場が機能するには経済主体の努力を促す競争が欠かせない。しかしハイエクの考えでは、競争を維持するには、競争を可能にするインフラストラクチャー（たとえば貨幣や通信網）の整備、競争を保護するための法制度の確立（たとえばカルテルの防止）、市場によっては適切に供給されない公共財の提供、最低限度の生活保障といった条件が整備されていることが必要である。これらの条件を「市場の外部」で整備するのが政府の仕事となる。

とはいえ、政府の拡大傾向に対する防御は怠ってはならない。とりわけ集産主義の政府は、計画による経済統制のために恣意的な立法によって自らを拡大させていく。これに対してハイエクが強調するのは、「法の支配」による権力濫用の阻止と、議会による立法に対する強力な立憲的制約の必要性である。

社会正義の否定

一見するとハイエクの描く自由な社会は、ロールズが構想したものと大きく違わないように見えるかもしれない。市場に取って代わる中央集権的な計画経済や、無制限に拡大する政府をロールズも支持してはいない。ハイエクも社会保障を完全に否定してはいない。

しかし、両者の正義についての考えは大きく異なる。ハイエク的な意味での正義は、個人（および私的団体）の間の行為に関わる禁止条項、言いかえれば「私的領域の侵害の禁止」に限定される。それゆえ経済的苦境の救済や、不平等の是正は正義の問題ではない。

それどころか「社会正義」または「分配的正義」という観念自体が、「特定の個人に特定の結果をもたらすことを目指す」ものであるかぎり、それはリベラリズムに反するとして厳しく退けられる。政府が個人に対して「正当な結果」をもたらそうとすると必ず全体主義になるとハイエクは考える。

したがって、個人は、市場で与えられるものを甘受するしかない。人びとは自生的秩序の下で生きることを選択した以上は、「それが個々の人びとにもたらす結果が正か不正かについて、問題にすることはできない」とハイエクは断言する（「リベラルな社会秩序の諸原理」、一九六六年）。市場における各人の「取り分」は、各人の努力や業績によってでも、各人のニーズに応じてでもなく、各人の才能の有無や運のよしあしによって偶然決まる。まさにこの偶然を受け入れることが、自由な社会における各人の義務なのである。市場を通じた分配は正でも不正でもない。それはたんに仕方のないこととして受け入れられるべきだというのが、ハイエクの考えなのである。

第三節　ノージックの最小国家論

ノージックとリバタリアニズム

ハイエクと違ってロバート・ノージック（一九三八―二〇〇二）は明確に自分をリバタリアンと

して意識している。アメリカ生まれアメリカ育ちのノージックは、二十世紀の集産主義や全体主義の経験からリバタリアニズムに向かったのではない。本人の弁によれば、もともとは社会主義者であったのに、学問的な取り組みを通じてリバタリアニズムに説得され、転向せざるをえなくなったらしい。

『アナーキー・国家・ユートピア』（一九七四年）では、第一部で「最小国家」（minimal state）の成立が正当化され、第二部で「拡張国家」（extensive state）の構想、とくにロールズの分配的正義論が批判され、第三部で最小国家の魅力（メタ・ユートピア構想）が語られる。以下ではとくにロールズとの違いに注意を払ってノージックの立場を紹介する。

個人の不可侵の権利

ノージックは、個人が、国家を含むいかなる個人や集団にも侵害されてはならない、強力かつ広範な権利をもっているという断言から出発する。その理由は即座には説明されない。自分自身の意味ある人生を送ることができる存在に外から攻撃・介入することは不当であるという、広く支持される直観に頼っているように思われる。

個人のこの権利は、「私に対して○○をするな」という禁止命令の形を取る。権利とは他人の行動に対する「側面制約ないし横からの制約」(side constraints)である。言いかえると、権利は積極的に何かをさせるのではなく、消極的に何かを禁じるものでしかない。具体的には、権利は個人に対する攻撃・介入(殺害、暴力、詐欺、強要など)を行ってはならないと命じるものに限定される。

最小国家の正当化

こうした権利だけのある自然状態から出発して、ノージックは二つのことを示そうとする。第一に、自然状態(最善のアナーキー状態)よりも最小国家が優れていることである。第二に、この最小国家が何人の権利をも侵害せずに生成することである。二つを合わせると、いかなる国家も個人の権利を侵害せざるを得ないから国家は存在すべきでないというアナーキズムへの反論になる。

これらの結論は五つのステップで示される。第一段階は、自ら実力を行使して自分の権利を守る「自力救済権」をもつ「独立人」だけが存在する、ジョン・ロックが描いたような自然状態である。この段階でも生命・身体・財産への権利の保全を命じる暗黙のルール、すなわち自然法は存在している。しかし、自然法の判定権および自然法が破られたときの救済権は各人にあり、共通の裁判官は存在しない。そのため、自然法をめぐって争いが生じると、報復合戦になるか、さもなければ泣き寝入りするかという、誰の権利にとっても好ましくない結果に至る。

第二段階は「保護結社」の自発的形成である。上に見た自然状態の不都合を解消するために警備会社と保険会社の機能をもつ結社ないし会社が多数生まれる。これら保護結社間の市場における競争は、相互の連合や合併をもたらし、結果として保護の実効性の上昇とコストの低下という好ましい結果を生む。

第三段階は、自然的に生成した独占体としての「支配的保護結社」の形成である。支配的保護結社は、ある領域内で警備と保険のサーヴィス供給を独占する。ほとんどの個人は支配的保護結社の顧客となるだろう。しかしこの状態でも、頑固にサーヴィスの購入を拒み、自己防衛と自力救済に固執する独立人にどう対処するかが問題となる。独立人の存在は、支配的保護結社の顧客にとって、潜在的な危険と不安の源泉となるからである。

そこで第四段階において、支配的保護結社は「超最小国家」となり、独立人に対して自力救済を禁じる。最後に第五段階では、超最小国家は自力救済の権利を奪う見返りに、独立人に対しても保護サーヴィスを提供する「最小国家」となる。ノージックの考えでは独立人はこの取引を受け入れる。こうして成立するのは、「領域内の実力行使権の独占」と「領域内の全員への保護サーヴィスの提供」という国家の条件を満たすが、それ以上の機能を果たさないという意味での最小国家である。

こうして、権利の保全のみを仕事とする最小国家が成立しうる。ノージックはこれによって、彼の言う「政治哲学の根本問題」、すなわち個人の自由を前提としたとき国家の存在は許容されるかという問題に答えを与えたと信じた。彼にとって次の課題は、この国家が実際にどの程度自由かを描き出すことである。

権原理論

権原理論（entitlement theory）は、権利のなかでも、とくに私的な財産を所有する権利の根拠を説明する。権原とは自分以外の事物に対する正当な請求権を指す。ノージックによれば人は三つの仕方で事物に対する権原を得る（他の仕方では権原を得ない）。すなわち、まだ誰のものでもない事物を自分のものにするための取得（acquisition）の原理、すでに自分のものである事物を他人に譲ったり、他人のものを受け取ったりするための移転（transfer）の原理、取得または・および移転に不正があったときにそれを正す矯正（rectification）の原理という三つの原理がある。三つの原理に違反しない所有だけが正当な所有である。

これらは、繰り返される取得と移転が正当な手続きを踏まえているかのみをチェックするという意味での「手続き的正義」の原理である。すなわち、財を所有するに至った経緯ないし歴史において不正義が存在したかのみが重要となる。人びとは正当な手続き（暴力、窃盗、詐欺、契約破棄などによらない手続き）によって取得または移転された財のすべて（賃金、遺産、利子、株式配当など）に対して権原をもつ。さらに、一人ひとりの所有が正当であれば社会全体の分配状況も正当である。

三つの原理の中で最も重要なのは取得の原理であろう。外的な事物を排他的に自分のものとして取得するための条件は何か。ノージックはここでもロックの議論を参照しながら、三つの条件を挙げて取得の原理を説明する。第一に、「誰もが自ら自身の身体を所有している」（自己所有権）。第二に、「ひとたび労働が付け加えられたものに対しては、彼以外の誰も権利をもつことができない」。ただし第三に、「他の人びとにも十分に、同様によいものが残されているならば」。これらの条件が満たされる限り、事物の取得は正当である。

ノージックの権原理論は直観的に納得できるように見えるが、現実的にそれが何を意味するかは曖昧（あいまい）である。ノージック自身、取得と移転の原理が満たされなかったときは現存の所有は不正であり、矯正の原理が働くのであるから、実際には大規模な所有の再分配が必要になる可能性を認めている。しかしノージックはこの点を掘り下げることはせずに、むしろ取得と移転の原理が満たされているという前提で、ロールズの分配的正義論の批判に向かうのである。

分配の原理

ノージックは分配的正義の原理を、「歴史的原理」と「最終結果原理」とに区別し、さらに歴史的原理の中で「パタン化（パタン付き）原理」とそうでない原理を分ける。最終的に彼が擁護するのはパタン化しない「歴史的権原原理」である。

最終結果原理とは、財の最終的な分配のみを問題とし、その分配を一定の全体的な意図によって確定する立場である。過去についての情報は無視される。ノージックによれば功利主義はその典型であり、彼はこの立場を認めない。

歴史的原理のうち、パタン化原理とは、過去において示された個人の何らかの特徴にしたがった分配を正しいとみなす立場である、例として、個人の道徳的功績や、経済的な生産性への貢献に応じた分配が挙げられる。これらの原理は各人が過去に行った事柄に応じて財を分配せよと命じるので、歴史的・パタン化原理ということになる。

歴史的・非パタン化原理は、個人の意図的な選択にしたがった財の取得と移転の経緯に不正がないかぎり、その結果生じる分配はすべて正当であり、逆に個人の意図を無視した分配は不正であるとする立場である。一言で言えば「各人からはその選択に応じて、各人へは選択を受けるに応じて」という原理である。注意すべきだが、分配が功績や貢献に応じている必要はない。功績や貢献のない人に贈与や遺贈を行っても、意図に応じたものであればそれは正義にかなっていることになる。言いかえると、個人の労働の成果として取得されたものを、選択を通じて移転させることは正しい。歴史的・非パタン化原理は権原理論と合致する。

ノージックによれば、歴史的・非パタン化原理は、ロールズ的な分配的正義を退け、リバタリアニズムを正当化する。ノージックは有名なウィルト・チェンバレン（実在したバスケットボールのスター選手）の思考実験でこの点を説明する。正義にかなった社会で、チェンバレンのプレーを見るために、彼の多くのファンが特別な料金を支払ったとする。チェンバレンは莫大な所得を得ることになる。このとき、チェンバレンのファンは料金を支払うことを「選択」し、チェンバレンは彼らに「選択された」。ここには何も不正はない。むしろ、この結果に政府が介入して、再分配を行うことのほうが不正である。要点は、歴史的・非パタン化原理にしたがえば、正義にかなった状態から、人びとの自由な選択を通じて生じた結果は、自動的に正義にかなっているということである。

これに対して、「正義の最終結果原理またはパタン化原理はどんなものでも、人びとの生活に対する不断の介入なしには継続的に実現されえない」。しかしそのような介入は個人の自由の侵害であり、側面制約としての権利によって排除される。チェンバレンの所得を再分配することは、彼を強制労働に従事させるのと同じである。これは、自由な市場取引の結果に介入しない分配だけが正しいことを意味する。こうして、最小国家は自由を最大限尊重するリバタリアン的国家であることがわかるのである。

ロールズとノージックの対比

ロールズとノージックの議論は著しい対照をなしている。個人と社会の関係について言えば、ロールズがすでに社会的協働に従事している市民から出発するのに対して、ノージックは自然状態における独立人から出発している。所有権の位置づけについては、ロールズは基本的自由の一部としての所有権を個人的な動産に限定するのに対して、ノージックは無制限の私的所有を権原とする。ノージックの考えでは、個人が自らの身体や才能の排他的な所有者である以上、それらを行使した結果に対しても個人は絶対的な所有権をもつ。対照的にロールズは、才能が個人のものであるとしても、その才能の行使によって何が得られるかは社会的な「才能の分布」に依存することを強調する。あなたに高い知的能力があるとして、それが社会的協働の中で特別な意味をもつのは、他の人びとの知的能力がそれほど高くはないからであり、他の人びとが知的能力以外の点であなたを補ってくれるおかげでもある。それゆえ、社会的協働の成果である基本財が格差原理によって分配されることは不当ではないのである。

しかしノージックは、権原原理の立場から格差原理を否定する。第一に格差原理は、最も不利な人びとの境遇という最終結果にだけ着目しており、各人が財を獲得するに至った取得と移転の経緯を無視している。ここでは、各人の選択は分配上意味を持たない。第二に、ロールズ自身が功利主義に向けたのと同様の批判が、格差原理にも向けられうる。功利主義は個人間の差異を真剣に受け止めることができないとロールズは批判した。しかしながら、格差原理は、チェンバレンの所得を、チェンバレン本人はもとより、彼に料金を支払った人びとの選択をも無視して再分配することにより、最も不利な人びとの境遇を改善するという目的のためのたんなる手段として彼ら・彼女らを扱っている。言いかえれば、格差原理は、個人を社会的目的のための手段ではなく、それ自体が目的としての地位をもつ別個独立の存在として尊重することに失敗している。個人をそのように尊重するためには、権原理論こそがふさわしいとノージックは主張するのである。

これに対してロールズは『政治的リベラリズム』で次のように応答した。権原理論は、相互行為における正・不正を問題とするだけで、その背景的条件における（累積的な）不正義に対処することができない。相互行為が正しく行われるには、その背景にある社会の基礎構造が正義にかなっている必要がある（背景的正義）。たとえば極端な貧困を背景として行われる、雇用側に有利な労働契約は不正であるかもしれない。「たとえ個人が公正に振る舞うとしても、背景的正義は腐敗する傾向があるというのが実態である」。ロールズはチェンバレンのような大富豪や大企業に経済力と政治力が集中する一方で、生の見通しの改善を望めない人びと（アンダークラス）が増大することを恐れている。そうした事態は背景的正義を損ない、社会を不正で不安定なものにする。背景的正義を維持するには、基礎構造を適切に調整することが必要なのである。

ロールズに好意的に考えれば、格差原理は、最終結果ないしパタンだけに着目せず、結果に至る手続き、すなわち社会的協働と分配の過程全体を重視する点で、ノージックが批判するような原理ではないと見ることもできる。格差原理が規制の対象とするのは最終的な分配状態ではなく、分配状態を生み出す基礎構造である。基礎構造が、累積的な格差拡大を防止して、最も不利な人びとの取り分を改善するように設計されているのであれば、その基礎構造を通じた分配結果に対する「不断の介入」は必要でないとロールズは考えているように思われる。

第四節　ノージック以後のリバタリアニズム

新しいリバタリアニズムまたは「新古典的」リベラリズム

ノージックとロールズでは、社会や人格をめぐる基本的な構想がまったく対立しているので、両者の間に対話や歩み寄りを考えることは困難に思われる。この行き詰まりを打破すると称して、近年新しいタイプのリバタリアニズムを提唱する動きがある。本人たちはこれを「新古典的リベラリズム」(neoclassical liberalism) と呼ぶ場合もある。

この立場を代表する論者として、ジョン・トマーシを挙げることができる(『自由市場的公正』、二〇一二年)。トマーシは、最も不利な人びとの立場の改善を、社会正義の課題として積極的に認める点で、ノージックやハイエクと異なる。さらに、正義の原理を、福利を増やすという功利主義の観点からでもなく、ノージックのように権利だけを保護するという観点からでもなく、社会的協働に参加すると同時に自分の善の構想を追求する、自由で平等な人格間の契約という観点から正当化する点で、意図的にロールズに接近している。

経済的自由の位置づけ

トマーシのような新しいリバタリアンとロールズの立場の違いは、経済的自由の位置づけにある。ロールズは経済的自由のなかでも、生産手段や天然資源を所有する自由を基本的自由に含めていない。それらは自らの善の構想を合理的に追求するために欠かせないものではないと考えたからである。

しかしトマーシらはこれに異を唱える。生産手段の私有、とりわけ自分の店や企業を経営し利潤を得る自由は、少なくともある種の人びとにとっては、自分の善の構想の追求にとって本質的な価値をもつ。それゆえ利潤に対する課税は低く抑えられるべきである。同様に、雇用条件を自分で選ぶ自由や、医療保険に入るか入らないか決める自由なども、各人が自分の人生の「作者」(author)となるために欠かせない。ここから、最低賃金や国民皆保険には懐疑的な姿勢が導かれる。

さらに新しいリバタリアニズムは、最も不利な人びとの立場の改善という社会正義の課題にとっても、経済的自由が欠かせないと主張する。端的に言えば、経済的自由を憲法によって最大限保護する、自由な市場経済こそ、経済成長の早道であり、結果として最も不利な人びとの所得を増大させるからである。

対立点と共通点

ロールズ的なリベラリズムと新しいリバタリアニズムの対立点は、かなりの程度、異なる制度の経済的パフォーマンスをめぐる経験的な証拠の解釈の違いにある。たとえば、資産を広く分散させるために政府が介入する余地を認めるロールズの財産所有のデモクラシーと、もっぱら市場の効率性を重視し政府の規制を最小化するトマーシの「市場型デモクラシー」(market democracy)の、どちらが経済成長に有利かという点で、見解が分かれている。こうした問題は、公共哲学にとって重要ではあるが、哲学的考察だけでは解決のつかない問題でもある。

哲学的観点からは、むしろ両者の共通点である、自らの善の構想に沿って合理的に人生を計画し遂行しようとする人格という人間理解に注意を促しておきたい。このような理解は、健康で通常の暮らしを送っている人びとにとっては当然のものかもしれない。しかし、このような理解は、人間の生における本質的な脆弱性や依存という事実を見落として、あるいは過小評価していないだろうか。後に見るように、フェミニズムの公共哲学からの批判は、合理性や自立性に偏った人間理解自体に反省を迫ることになるだろう。

ここまで、分配的正義についてのリベラリズムとリバタリアニズムの違いを見てきた。しかしそもそも「何を」分配することが公共哲学の観点から重要なのだろうか。金銭を分配することだけが大事なのか。次章では、金銭以外のものの分配を重視するケイパビリティ・アプローチの公共哲学を取り上げる。

第七章　ケイパビリティ・アプローチの公共哲学

第一節　ケイパビリティ・機能・自由

ケイパビリティとは何か

ケイパビリティ・アプローチは、経済学者のアマルティア・センや、哲学者のマーサ・ヌスバウムらによって提唱されているものである。ケイパビリティ（capability）は「潜在能力」「可能力」などと訳されることもある。それは、一言で言えば人間にとっての「よい暮らし」または「福祉」（well-being）がどの程度実現されているかを測る尺度であり、功利主義の尺度（福利）とロールズ的なリベラリズムの尺度（基本財）の弱点を克服するものとして提案された。

ケイパビリティ・アプローチは理論的に興味深いだけでなく、実践的にも有力なものである。センは国連の人間開発指数の策定に影響を与えており、ケイパビリティの観念はこの指数にも反映されている。ヌスバウムはケイパビリティ・アプローチの観点から、女性、重度の知的障碍者、途上国の貧困者、それに動物をめぐる争点を幅広く論じている。現代の公共哲学の中でも最も実践的な潮流の一つがケイパビリティ・アプローチだと言えるだろう。以下では、センに焦点を合わせてケイパビリティ・アプローチの中心的な主張を紹介する。

機能とケイパビリティ

アマルティア・セン（一九三三― ）によれば、状態（何かをしている、何かであること）としての機能と、能力（何かをしたり、何かになったりできること）としてのケイパビリティを区別することが重要である。機能（functioning）とは、実際に達成された福祉、言いかえれば暮らしがよい状態にあることだと言える。それはたとえば、「適切な栄養を得ている」、「健康状態にある」、「避けられる病気にかかっていない」、「早死にしていない」のような基本的な状態から、「幸福である」、「自尊心をもっている」、「社会生活に参加している」のような複雑な状態までを含む。

これに対してケイパビリティとは、よい状態としての機能を達成するための能力である。そこにはさまざまな機能についての情報を与えられていること、どの機能を実現するかについて自ら選択できることが含まれる。具体的には、重要なケイパビリティとして次のようなものが挙げられる。「栄養状態がよいこと」、「風雨をしのげる住居に住んでいること」、「予防可能な病気にかからないこと」、「早死にしないこと」、「移動すること」、「健康な生活を送ること」、「地域社会の生活に参加すること」。

明らかに、機能とケイパビリティの区別は微妙である。人がある種の能力をもっていることは、実際にその能力が行使されているという事実によってしか識別できない場合が多々あるからである。たとえば、「早死にしないケイパビリティ」を測るには、実際に生きていること（つまり機能）を確認するしかない。

図7-1　A. セン

それでも、機能とケイパビリティは区別できるとセンは言う。繰り返し挙げられるのは断食の例である。すなわち意図的に断食する人は、「栄養状態がよい」という機能を果たしてはいない。しかし食べようと思えば食べられるのだから「栄養状態がよいためのケイパビリティ」はもっている。断食する人は、病気のため、あるいは貧困のためそうしたケイパビリティを欠いている人とは違う。問題なのは、ケイパビリティの欠損のほうである。

自由とケイパビリティ

センはこうした意味でのケイパビリティを「自由」（freedom）と言いかえる。すなわち、断食する人には自由があるが、飢饉や貧困や戦争のため栄養失調の状態にある人には自由がないのである。

ケイパビリティとしての自由の構想は、能力であるから、明らかに形式的なものではなく、実効的なものである（制約さえなければ自由なのではなく、実際に何かができなければ自由があるとは言えない）。さらに、ケイパビリティとしての自由の構想は、ロールズの構想とも異なっている。センの考えでは、ロールズの社会的基本財としての自由は、「自由の手段」（the means to freedom）にすぎない。これに対してケイパビリティ・アプローチは、「自由の範囲」（the extent of freedom）を問題にする。私たちにとって重要なのは、自由の手段を分配されることではなくて、自由の範囲そのものが維持され拡大されることである。

その一方でセンは、自由をケイパビリティと完全に同一視しているわけではない。ケイパビリティは自由をとらえるための一つの側面にすぎない。とりわけ、センによれば自由にはお互いに異なる二つの根源的な次元があることが重要である。すなわち、一方にはエージェンシー（agency）の自由がある。エージェンシーとは、自分自身が何かを行う行為主体（agent）であることを意味する。エージェンシーの自由とは、自らの目標や価値（これらは狭い意味での自分の福祉だけに限られない）を追求して自ら行為する自由のことである。これに対して他方には、福祉の自由がある。これは、行為主体は誰であるにせよ、自らの福祉が達成されるという意味での自由である。

これら二つの自由は必ずしも合致しない。エージェンシーの自由の発揮が、自分の福祉を損なう可能性もある（いわゆる「自己犠牲」の場合。後に見る「コミットメント」の観念を参照せよ）。逆に、エージェンシーの自由なしに福祉が達成されることもありうる（いわゆる「人任せ」で福祉が得られる場合）。

「社会的公正の追求」においては、これら二つの自由のうち福祉の自由が重要になるとセンは主張する。言いかえると、福祉の自由については、それを満足させる社会的責任が生じるが、エージェンシーの自由を満足させるための社会的責任は生じない。

社会的公正の文脈で福祉の自由が優先される理由は二つ考えられる。第一に、エージェンシーの自由はまさに本人たちが自分で行使しなければならないものであり、政府を含めて他者がそれを満足させることは原理的にできないからである。第二に、エージェンシーを発揮して責任をもった生き方をするには、前提として福祉の自由がある程度保障されている必要があるからである。身体の自由、教育や収入を得る機会といったものを剝奪された人びとは、エージェンシーを発揮することができない。この意味で、福祉の自由のほうが、エージェンシーの自由よりも基本的であり、社会的公正にとって重要である。

ケイパビリティとエージェンシーと福祉の関係は厄介である。人のケイパビリティは、エージェンシーの自由としても、福祉の自由としても特徴づけることができるとセンは言う。前者の場合、ケイパビリティは自分が推進したいと思う目標や価値を推進する自由にかかわり、後者の場合、自分の福祉を増大させる自由にかかわる。重要なのは、公共政策の観点からは、福祉の自由としてのケイパビリティのほうがより一般的な関心の対象となるだろうとされている点である。ここでもセンは、正義の問題としては福祉の自由のほうを重視しているように思われる。

なお、ロールズが基本財として挙げたような政治的自由や経済的機会をセンが重視しないというわけではない。そうした自由は手段としての自由と呼ばれる。

批判の対象

なぜセンは、正義の問題としてケイパビリティをとくに重視するのだろうか。それは、福祉についての従来の評価基準の適切さに彼が疑問をもっているからである。

第一に、センは功利主義を批判する。快楽や選好充足だけを人間の暮らしの評価基準とすると、評価が一面的になり、貧困や不平等の問題を十分に扱えない。たとえば、ケイパビリティが剝奪されているのに、その状態に慣れていて不満を感じない人（極度の貧困状態や、差別的な境遇に置かれた人）が「幸福な人」と判断されてしまう場合がある。第四章ですでに指摘した、適応的選好形成の問題である。

第二に、センはロールズやロナルド・ドゥオーキンの資源主義（resourcism）も批判する。すでに見たようにセンによれば基本財は自由のための手段あるいは資源にすぎない。資源がどれだけ分配されるかだけが資源主義の関心である。だがセンの考えでは、人間にとって重要なのは、自由そのもの、つまりケイパビリティである。さらに資源主義は、資源を自由に「変換」するための能力が人びとの間で多様であることに十分注意を払ってはいない。他の人と同じ量の資源をもっていても、体の弱い人、妊娠している人、長時間にわたって激務を行う人などは、自由の度合いが低くなるかもしれない。

ケイパビリティ・アプローチの利点

こうした従来の評価基準に比べて、ケイパビリティという基準を用いることには次のような利点がある。第一に、ＧＤＰのような経済的指標だけでなく、多様な視点から測定することができる。国の経済の規模が大きくても、ケイパビリティの低い人びとが残っている可能性を、ケイパビリティ・アプローチは見過ごさない。第二に、快楽や選好充足と違って、個人間での比較が可能である。誰からどのようなケイパビリティが剝奪されているかを特定することができる。第三に、剝奪要因が物質的要因に還元されない。性差別、人種差別、カースト制度等の文化的要因も重視される。第四に、エージェンシーの自由を評価に入れられる。個人は、たんに幸福を保障されるだけの存在ではなく、自らの生活状態を自ら評価し、その改善をはかっていく政治的行為者として位置づけられるのである。

もちろんこのアプローチにも難点はある。その一つは、暮らしの質の評価が、より複雑で、論争的で、なおかつ高コストになることである。とりわけ、ケイパビリティの保障の程度を、誰が、手に入るどのような情報を用いて判断するのか。この問いは、後に見る、ケイパビリティをリスト化すべきかという問題にも関わってくる。

第二節　センの正義論

センと平等主義

すべての個人のケイパビリティに関心を払うセンが、広い意味での平等主義者であることはたしかである。しかしながら、『正義のアイディア』（二〇〇九年）を見ると、センがケイパビリティの平等を必ずしも追求しないということが明らかになる。「しばしば示されている解釈とは反対に、ケイパビリティ・アプローチを評価のために使用することは、どの人のケイパビリティも平等にすることだけを目指す社会政策に、それらの政策の他の点での帰結がどんなものになろうとも、私たちが同意することを要求するわけではない」（『正義のアイディア』）。

なぜケイパビリティの平等だけを追求しないのか。センの考えでは、ケイパビリティは正義にとって重要な概念（評価基準）ではあるが、しかし唯一の重要な概念ではないというのが、その理由だと思われる。詳しく言うと、次のような意味で、ケイパビリティの保障は正義のすべてではない。

第一に、前述のようにケイパビリティは自由の一側面にすぎない。自由の「過程の側面」での平等が重視される場合には、ケイパビリティを平等化することは不正かもしれない。たとえば、平均余命というケイパビリティを平等化するために、女性よりも男性を優先的に治療するとしたら（一般的に女性のほうが男性よりも平均余命が長いのはたしかである）、過程の平等に反するように思われる。

第二に、自由以外にも、「努力」や「労働と結びついた報酬」といった概念が、公正さに関しては重要である。これらを無視してケイパビリティを平等化することは不正かもしれない。

第三に、ケイパビリティの順位づけには個人差や状況の違いによる「不可避的な曖昧さ」が残る。それゆえ、誰の目にも明らかなケイパビリティの極端な不平等を減らすことが重要なのであって、完全な平等を目指すことは、可能でもなく、望ましくもない。

第四に、そもそも平等は正義論が関わるべき唯一の価値ではない。「すべての人のケイパビリティの全般的向上」は、ケイパビリティの平等な分配に貢献しなくとも、正しいことかもしれない。したがって、センは目的論的平等主義者ではない。彼の立場は十分主義（第八章第三節で詳述）に分類することができるだろう。

比較アプローチ

では、センはケイパビリティの平等を追求しないとしたら、何を追求するのか。人びとのケイパビリティがどのような状態にあるとき、その状態は正しいのか。あるいはどのような状態なら不正なのか。これらの問いに対する答えは、センは正義を単一の理想状態に向けた追求として考えてはいない、というものである。センにとって重要なことは、具体的で現実的な選択肢の中で、相対的に正しい（不正でない）ものを特定することである。

言いかえると、ロールズの「正義の原理」のような、正義と不正義を見分ける原理のようなものを、センは提示していない。むしろ、理想的に正義にかなった制度のための原理を明らかにしようとするロールズの立場を「超越論的制度主義」と呼んで批判する。

ロールズのアプローチと比べて、センは自分のアプローチを「比較アプローチ」と呼び、その利点を次のようにまとめている。①理想的に正義にかなった状態を記述するのではなく、複数の不正な状態の間で、不正の程度を相対的に評価することができる。②制度や規則を評価するだけでなく、社会的達成を評価できる。③すべての社会状態をもれなく順位づけするようなことはできないが、「明白な不正義の事例」を取り除くことの緊急性を含め、社会正義に関わる重要な問題について指針を提供することができる。④契約主義の限界（契約当事者以外が正義の原理の選択から排除される）を克服できる。たとえば、一国の市民間の関係にこだわらず、国境を越えた不正義の問題を扱える。

それにしても、「明白な不正義の事例」を見分けるために、何らかの視点のようなものは必要ではないのか。センが依拠するのは、アダム・スミスの「公平な観察者」の視点である。ようするに、各人が自分とその仲間の立場を離れて、「部外者」の視点を取り入れて「不偏性」の立場に立とうとすることが求められる。それをセンは「批判的精査と公共的討議のための装置」と呼んでいる。批判的精査と公共的討議によって、「公正らしい」ことについて合意が得られれば、それでよいのである。

共感とコミットメント

それでは、私たちはなぜ、どのようにして不正の除去へと動機づけられるのだろうか。この問題に関して重要なのは、センが経済学の通常の想定を批判して、人間は他人に無関心に狭い意味での自己利益だけを追求する「合理的な愚か者」(rational fools) ではないと主張していることである。センは、本当に、私的な利害関心のみが人間の行動を動機づけているのかという反問から、複数の動機づけの承認へと至っている。具体的には、二つの道徳感情が働いているとされる。

一つは共感 (sympathy) である。これは、他者の福祉が自らの福祉に影響を与える場合の感情である。たとえば他者の福祉の水準が下がることで、自分自身の福祉の水準も下がるならば、他者の福祉の水準を下げないように行為する動機づけが与えられる。この点では共感による行為は広い意味での自己利益の追求に含まれる。

もう一つはコミットメントである。これは、他者の福祉と自らの福祉が連動していない場合の感情である。他者の福祉の水準が下がることで自分の福祉の水準が下がるわけではないにもかかわらず、それどころか自分の福祉にマイナスの影響があるにもかかわらず、他者を苦しめる不正を取り除きたいという動機づけを与えるのがコミットメントである。これは自己利益の追求とは呼びがたい行動を導くことがある。センの挙げるコミットメントに導かれた行動の例には、真実を告げる、他人の信頼を裏切らないといった個人的な行動から、公園や街灯から国防に至るまでの公共財の供給への貢献、選挙での投票、環境にやさしい消費といった、公共的な含意をもつ振る舞いまで含まれる。

重要なことだが、コミットメントに導かれた行動は、非合理的とは限らない。それは、狭い意味での自らの福祉だけを最大化するという意味では合理的でないかもしれないが、ある目的を追求するのにふさわしい行動であるという意味では合理的でありうる。たとえば公共財の供給に進んで貢献するとき、私たちは合理的に振る舞っているかもしれないのである。

第三節　ケイパビリティをどう測るか

人間開発指数と多次元貧困指数

ケイパビリティ・アプローチの強みの一つは、それが人間の暮らしのよさを「測る」ための、具体的で説得力のある指標を与えようとする点にある。たとえばセン自身は、平均余命、幼児死亡率、児童死亡率、成人識字率、高等教育率の指標にもとづいて、発展途上国の間で比較を行ったことがある。のみならず、センの研究が国連の「人間開発指数」や「多次元貧困指数」にも影響を与えたことが知られている。このようにセンの理論は、開発経済学と公共哲学の接点になっている。

たとえば人間開発指数は、①健康、②知識（教育）、③生活水準の三つの次元から構成される。①は平均余命に、②は二十五歳以上の成人が受けた教育の年数と、就学年齢に達した児童が教育を受けると期待される年数に、③は一人当たりＧＮＩ（Gross National Income：国民総所得）に、それぞれもとづいて算出される。

多次元貧困指数も、同じ三つの次元から構成される。具体的には、①に関しては成人および子どもの栄養状態と、とくに子どもの死亡率が、②に関しては就学年数と、就学年齢にある子どもの就学実態が参照される。③に関しては電力の供給、下水道の整備、飲料水の確保、住居の状態（家の床や壁が何でできているか）、調理に用いる燃料、資産（たとえば自動車を所有しているか）といった項目が参照される。

ジェンダーとケイパビリティ・アプローチ

貧困の問題に加えて、性差別の問題にもセンは積極的に取り組んでいる。性差別への対応に関しても、ケイパビリティ・アプローチは、功利主義や資源主義よりもすぐれているように思われる。具体的には次の二つの点を挙げよう。

第一に、性差別が思いがけないところに潜んでいることを明るみに出す。とくに残酷な例として、「消えた女性」問題が挙げられる。アジアと北アフリカの多くの国では、人口に占める女性の割合が他の地域に比べて著しく低い。言いかえると、女性の相対的な死亡率が高いのである。この事態は、これらの地域で生存にかかわるケイパビリティの不平等が性差別によって生じているのではないかという推定をもたらす。具体的には、女性が世帯内で所得を分配されない、女性の健康と栄養状態が無視される（医療や食事が与えられない）といった問題があると予想される。直接の証拠も、こうした予想を裏づけている。

この指摘が、功利主義や資源主義では必ずしも明らかにならないものであることに注目された い。とりわけ快楽説や選好説の功利主義は、差別的な地位に適応してしまった女性のケイパビリティの低さを問題にすることが難しいように思われる。

第二に、このような性による不平等の解決に向けて、女性の「エンタイトルメント」および「エージェンシー」が重要であることを確認できる。すなわち、女性が教育を受ける、識字能力をもつ、家庭の外で職を得る、財産を保有するなどのケイパビリティを、権利としてもつこと（エンタイトルメント）がまずもって必要であるが、それだけではない。女性自身が積極的、能動的にこれらの能力を追求し行使すること（エージェンシー）が、女性の暮らしの水準を高めるのである。再び、功利主義と資源主義は、エンタイトルメントとエージェンシーの重要性を十分認識できるとは限らない。とりわけ功利主義は、エージェンシーという視点そのものを重視しない可能性がある。

ケイパビリティ・アプローチのこうした強みは、ジェンダーにかかわる国連指標にも反映されている。「ジェンダー開発指数」は、先ほど見た人間開発指数の、女性の数値を男性の数値で割ったものである。数値が1ならば人間開発の点でジェンダー間の不平等は存在しないことになる。他方、「ジェンダー不平等指数」は次の要素から構成される。①リプロダクティヴ・ヘルス（妊婦が死亡する割合と、十代後半の女性が出産する割合）、②エンパワーメント（国会の議席に占める男女の割合と、少なくとも中等教育を修了した男女の割合)、③労働市場(男女の労働市場への参加の割合)。こうした指標の観点から見た女性差別の実態については、第十二章で詳しく論じることになるだろう。

第四節　ケイパビリティのリスト化

ヌスバウムのリスト

センはどんなケイパビリティが重要なのかについて、断片的、示唆的な記述はするが、網羅的なリストを作ったり、異なるケイパビリティ同士の間の優先順位を定めたりはしない。しかしながら、ケイパビリティはさまざまな要素を含むだけに、ケイパビリティとそれ以外のものの境界線や、多様なケイパビリティの中での優先順位を明らかにしたほうがよいのではないか。とくに基本的・中心的なケイパビリティをリスト化すると、公共政策を形成したり、そうした政策を正義の観点から評価したりするのに好都合ではないだろうか。

そこでマーサ・ヌスバウム(一九四七―　)は、次の中心的ケイパビリティのリストを提案した。

図7-2　M. ヌスバウム

①生命。早死にすることなく、生きる価値のある生をまっとうできる能力のことである。②身体の健康。ここにはリプロダクティヴ・ヘルスや、生きるためにシェルターで身を守る能力も含まれる。③身体的な不可侵性。移動の自由や、暴力的な攻撃からの自由が含まれる。④理解力、想像力および思考力。さまざまな知的能力や自由が含まれる。たとえば、識字力や基本的な計算能力、職業や趣味を選択する能力、表現の自由や信教の自由、さらに快楽を感じ苦痛を避ける能力などである。⑤感情。たとえば、愛情、配慮や気遣い（ケア）、悲しみ、熱望、感謝、義憤といった感情が挙げられる。⑥実践理性。ロールズらの言う「善の構想」を理性的、反省的な仕方で形成し追求する能力のことである。⑦結びつき（affiliation）。これは、(a)他者との親密な関係を結ぶ能力、(b)自分自身に自信と尊厳をもつ能力とを含む。後者はロールズの言う「自尊心の社会的基盤」が保障されることを意味する。たとえば、さまざまな差別を受けない権利の保障が必要である。⑧人間以外の種。自然の世界に関心をもつ能力も基本的ケイパビリティの一つである。⑨遊び。笑ったり楽しんだりする能力である。⑩自らの環境に対するコントロール。これは(a)政治的な参加と選択の権利、(b)物質的な所有と労働の権利を含む。

ヌスバウムは、このリストに含まれる一連の能力、自由、機会、権利などをすべての人がもつことが、憲法上の権利、言いかえれば政府が正統性をもつための条件となるべきだという。ただしこれは、これらのものが最大限保障されることや、平等に保障されることを意味しない。一定の閾値以上のケイパビリティが全員に保障されることが重要である。この点でヌスバウムもセンと同様に十分主義の立場をとる。

リストを作成するに当たって、アリストテレスやマルクスの思想を参考にしたことをヌスバウムは認める。しかしながら、彼女は何か特定の思想や科学に排他的に頼ることによってリストを正当化しようとはしない。リストはむしろ、世界中の多様な文化や宗教や伝統が含む、さまざまな源泉（学問だけではなく芸術や伝承も含まれる）に頼ることで作られる。言いかえればヌスバウムは、ロールズの言う政治的リベラリズムの立場からリストを正当化するのである（ヌスバウム『正義のフロンティア』、二〇〇六年）。

リスト化の問題性と可能性

ヌスバウムのこうした試みには批判も多い。そもそも、ケイパビリティ・アプローチは、暮らしの質の評価にとって重要な基準を、本人の選好や快楽とは別に求めようとする点で、客観的リスト説の功利主義に近い。それゆえ、客観的リスト説に向けられたのと同じ、権威主義的なお節介だという批判が、ケイパビリティ・アプローチにも向けられることは避けがたい。とりわけ、一部の学者によって世界的に通用すべきリストが作られ、「よい暮らし」の具体的な像が示されるとき、この懸念は強められる。

たとえばドゥルシラ・コーネル（一九五〇―二〇二二）は次のように指摘して、リストを作らないセンを擁護している。コーネルによればヌスバウムは、ケイパビリティの内容を詳述し、言いかえると、ヌスバウムのリストは、ケイパビリティを「真に人間的な機能についての一定の構想」に結びつけるが、そうした構想は、人間の生のかたちを制約し自由を切り詰めてしまうことが懸念されるというのである（『理想を擁護する』、二〇〇四年）。

なぜセンはリストを作らないのだろうか。その理由は、どのようなケイパビリティがどの程度重要であるかは、当事者たちの民主的な討論によって決められるべきだとセンが考えている点にあると思われる。センは明示的にはヌスバウムを批判しておらず、リスト化の試み自体も否定してはいない。しかし、リストが民主的な討論によるのではなく特定の学者によって、最終的で変更不可能なものとして示されることには強く反対するのである。

他方、ヌスバウムのリストをいわば「たたき台」として用い、不利な境遇をよく知る人びと（自らが不利な境遇にある人びとと、そうした人びとに接する仕事をしている人びと）が、リストのなかでもどのケイパビリティがとくに重要であると感じているか、リストに追加すべきケイパビリティはあると思うかといったことを調査した試みも行われている（ウルフ／ド＝シャリ『不利』、二〇〇七年）。この調査によれば、とくに重要なのは、生命、健康、身体的な不可侵性、結びつき、自らの環境に対するコントロール、そして理解力、想像力および思考力という六つの種類のケイパビリティであった。「現地の言葉を話すことができること」、「法を理解し、それを遵守して暮らせること」などが追加すべきものとして挙げられた。こうした調査は特定の社会層や地域にどのようなケイパビリティの欠損が生じているかを知るうえで有益である。センの言う「批判的精査と公共的討議」の一環として、このような調査がもっと行われるべきだと思われる。

本章では、私たちが分配的正義を目指すときに「何を分配すべきか」という問いへの、ケイパビリティ・アプローチの回答を検討した。次章では、「どのように分配することが正しいのか」という問いに関する論争を取り上げる。正義の観点からは、あらゆる個人を平等に尊重すべきだという点については広い合意がある一方、その際の「平等」の意味をめぐってはさまざまな立場が存在するのである。

第八章

平等論と公共哲学

第一節　不平等という問題

格差の拡大

一九七〇年代半ばの日本では「一億総中流」という言葉ももっともらしく響いた。しかし、一九九〇年代末には、その日本でも経済的格差が広がってきていることが広く認識されるようになった。日本に限らず、過去数十年、先進国全般に格差拡大の傾向が見られることはたとえば、トマ・ピケティの話題作『21世紀の資本』(二〇一三年)によって長い歴史的スパンをもって実証された(ピケティが指摘するのは収入(フロー)というより資産(ストック)による格差拡大の効果である)。また、よく知られるようになったブランコ・ミラノヴィッチの「エレファント・カーブ」は、一九九〇年代から二〇一〇年代にかけて先進国の富裕層と新興国の富裕層・中間層の所得が伸びる一方、先進国の中間層の所得が伸びず、むしろマイナスに転じたことを示した（『グローバルな不平等』、二〇一六年）。

このような経済的・社会的不平等の拡大は、私たちの社会のあり方にどのような影響を及ぼしているのだろうか。また、第五章で取り上げた平等主義的なリベラリズムは、経済的・社会的不平等の問題をどのように見ているだろうか。

不平等はなぜ問題か

ジョン・ロールズやT・M・スキャンロン（一九四〇―　）の議論を参照して、不平等が引きおこす問題として次の点を挙げよう。

第一に、ロールズが最も重視するのは、経済的・社会的不平等が政治的不平等へと変換される事態である。実際に富裕層の政治的影響力が増大し、立法過程をいわば牛耳る（ぎゅうじ）ようになっていることは、マーティン・ギレンスらの実証的研究によっても確かめられている（『富裕と影響力』、二〇一二年）。それを裏返すように、貧困層の棄権率は高く、この層に対しては選挙キャンペーン自体がまともには行われなくなっている。後期のロールズは「政治的自由の公正な価値」（政治的影響力を行使する機会における実質的な平等）を強調するようになった。それは、平等な自由を保障すべき背景的正義が経済的・社会的格差によって脅かされているという認識からである。

第二に、過度の不平等は、市民の間に優位－劣位の関係をつくりだし、それをハイアラーキー（位階的な上下関係）として固定していく。かりに政治的には平等が確保されるとしても、経済的・社会的地位における不平等は、支配や抑圧の関係を導く。ロールズは「アンダークラス」にも言及しており、社会の「底辺」に取り残される人びとが社会の制度そのものに背を向けてしまう問題を重視している。劣位に置かれつづけ、生の見通しが閉ざされてしまうなら、ロールズのいう「自尊の社会的基盤」は損なわれてしまう。

図8−1　T. M. スキャンロン

優位－劣位の社会関係は人びとの健康にも影響を及ぼすことが知られている。劣位の立場にある人ほど健康を害しやすく、また、社会における不平等の度合い（ジニ係数）と健康寿命との間には相関関係があることが確かめられている。

第三に、経済的・社会的不平等は機会への実質的なアクセスを左右し、不利な立場にある人びとのライフチャンスを制約してしまう。言うまでもなく、そうした制約は、人種やジェンダーなど社会的に通用している規範とも複合している。

教育機会へのアクセスが経済的要因によって左右されないようにすることは、こんにちの知識社会にあって非常に重要である。ただし、学費の無償化や給付型の奨学金の拡充などによって教育格差に対応するとしても、たとえばどの大学を卒業したかは「位置財」(positional goods)として作用してしまう。「位置財」とは、財の相対的な所有が絶対的価値に影響を及ぼす財である。学歴はその典型であり、実質的にはわずかな位置の違いがライフチャンスを大きく左右する(念のため付言すれば、教育それ自体には競争的ではない、内在的な価値もある)。

第四に、不平等が過度なものになると、それは、居住地をはじめ人びとが暮らす生活空間の分断をもたらす。ロバート・パットナムらの『われらの子ども』(二〇一五年)が描くように、同じ都市に住みながらも、住まいや学校が分け隔てられるなら、共に同じ社会に生きる一員であるという感覚は薄れていく。こうした生活空間の分断はいわゆる"gated community"に見られるが、アメリカでは富裕な地域が分離独立する"gated city"の現象すら生じている。

最後に、不平等は社会のさまざまな制度において手続き的な公正さ(procedural fairness)を歪める。制度の目的を実現するための能力とは無関係な要因によって職業上の地位や権限が左右される。

貧困と不平等は実態としては重なるが、かりに貧困が解消されるとしても、それに伴って不平等も自ずと解消されるということにはならない。かりにすべての人びとの生活が十分なレヴェルに達するとしても、いま述べた不平等の問題群は残る（後述する「十分主義」の立場は十分性水準以上の不平等を問わない）。

第二節　二つの平等主義

運の平等主義と関係論的平等主義

経済的・社会的不平等に対して社会の制度がどう対応すべきかについては、近年、二つの主要な議論がある。「運の平等主義」（luck egalitarianism）と「関係論的平等主義」（relational egalitarianism）である。それぞれについて簡単に説明しよう。

運の平等主義――リチャード・アーネソン、ジェラルド・A・コーエン、K＝C・タンらがその代表的な理論家である――は、財の分配は各人の選択に帰される選択（choice）には反応し、各人に帰しえない偶然（chance）には反応すべきではない、と主張する。選択に還元される運は「選択運」（option luck）と呼ばれ、他方それに還元されない偶然は「非選択運」あるいは「厳然たる運」（brute luck）と呼ばれる。いずれも「不運」（bad luck）であることに変わりはないが、自分で買った宝くじが外れるのは「選択運」であり、他方、河川の堤防が決壊して自宅が水没するのは「非選択運」である。

運の平等主義は、財の分配に関して、各人に「値しない不利」（undeserved disadvantage）をもたらすような不運による影響を無効化ないし軽減する一方で、各人自身の選択が分配上の違いをもたらすことを積極的に肯定する。人種やジェンダー、所得階級など各人が選択できない事柄については各人の責任は問われず、「値しない不利」がどの程度かを特定して補償がなされるべきである。他方、各人が選択できる事柄については各人自身の責任が問われ、社会に補償を求めることはできない、と論じるのである。

選択できる事柄については各人の責任が問われてしかるべきであるという考えは私たちの直観にも馴染みやすいが、運の平等主義に対しては次のような異論が提起されている。まず、各人の選択に帰される不利をいっさい放置することは過酷ではないかという批判がある。たとえば、医療・損害保険への加入を選択しなかった人が自らの起こした交通事故で重傷を負った場合に彼を放置することは許容されうるのか。第二に、各人自身の選択に帰される部分を明確に切り分けることは可能か、という疑問がある。ほとんどの場合に選択と不運は複合しており、何をもって選択とみなすかは恣意性を免れない（自らが選択した職場での事故によって身体に障碍を負うケースなど）。第三に、最も重要なものとして、人びとがとりうる選択肢の量と質を規定している構造を軽視しているため、分配的正義を個々人に対する事後的で個別的な補償の問題に切り詰めている、という批判がある。不利な選択状況のもとで選択を強いられた個々人への補償を通じて正義は部分的に回復されうるとしても、公正とはいえない選択状況それ自体は見過ごされることになる。

これに対して、「関係論的平等主義」は、人びとが不利な状況におかれることそれ自体を問題と考える。代表的な論者としてはロールズ、エリザベス・アンダーソン（一九五九― ）、サミュエル・シェフラー（一九五一― ）らが挙げられる。シェフラーの言葉を用いるなら「平等者からなる社会」（a society of equals）がこの立場の理想を表す。「運の平等主義」の先駆者と目されることもあるロナルド・ドゥオーキンも、「平等な尊重と配慮」（equal respect and concern）が市民の間に成り立つ社会関係を求めており、根底では関係論的平等主義の立場をとっているとみなすのが適切である。

ロールズ自身が、個人ごとに特定されるそれぞれの不利を埋め合わせることではなく、制度を通じて市民の間に平等な関係を成り立たせることが重要だと考えていたことは、次に引く文章からもわかる。「政治社会における基本的な地位は、平等な市民たる地位（equal citizenship）、つまり誰もが自由で平等な人格としてもつ地位であるべきである。……われわれは、公正としての正義の諸原理によって秩序づけられた社会においては、最も高いレヴェルで、また最も基本的な点で市民は平等なのだと言うことができる。市民が互いを対等な者として承認し、理解しているという意味で、平等は最も高いレヴェルで現れている。……市民たちを社会的につなぐ絆は、彼らの平等な関係が求める諸条件を保つことへの市民たちの公共的な政治的コミットメントなのである」(『公正としての正義 再説』)。

関係論的平等主義は、各人が「平等な者」として尊重されうる社会関係が構築・維持されているか否かを重視する。言いかえるなら、この立場は、ある人が他者の恣意に服さざるをえないような社会関係(支配‐被支配の関係、強制‐被強制の関係)が人びとの間——公職者と市民、雇用者と被雇用者、男性と女性、マジョリティとマイノリティの間——に生まれることを避けようとするのである。

運の平等主義が個々人の不利に対する補償(compensation)を求めるとすれば、関係論的平等主義は平等な者として尊重されるべき市民の間に支配や抑圧の関係が生じないようにする保障(security)を求める。誤解のないように付言すれば、関係論的平等主義も選択に対する責任の観念を一切破棄しようとしているわけではない。この立場は、まさにその選択に対して各人の責任を正当に問いうるような選択状況を構築し、維持することを社会の責任と考えるのである。個人と社会にはそれぞれが担うべき別種の責任がある(ロールズはそれを「責任の社会的分割 a social division of responsibility」と呼ぶ)。社会の側には、市民の間に平等な関係が維持されうるような条件を制度を通じて保障する責任があり、個人の側には、そうした制度に適合するように自らの欲求や願望を調整し、それに沿わないような権利要求を自制する責任がある(『政治的リベラリズム』、一九九三年)。

第三節　平等化の理論

何の平等をどのように実現するか?

アマルティア・センの論考「何の平等か?」(一九七九年)は、平等が重要だとしてそもそも何の平等を求めるかに違いがあることに注意を喚起した。「何」が分配されるべきかは、分配的平等論において「指標」(index)問題と呼ばれている。主な選択肢は次の三つであり、順に功利主義、資源主義、ケイパビリティ・アプローチがとる指標である。

第一に、厚生(welfare)ないし効用(utility)。アーネソンらの厚生主義者は個人の福利(幸福)の度合いという主観的な指標をとる。第二に、財(goods)ないし資源(resource)。ロールズやドゥオーキンらは、個人がもつ「基本財」や「資源」のような客観的な指標をとる。第三に、ケイパビリティ（capability）。これは、第七章で説明したように、個人が財や資源を用いて実際に何をなしうるか、またどのような状態に身を置くことができるのかという指標、センの表現を用いるなら「主観と客観の間」にある指標である。センのほか、マーサ・ヌスバウム、アンダーソンらがこの指標をとる。

どの指標をとるべきかについてはいまも論争が続いている。その論争は、効用、資源、ケイパビリティが誰にどのように分配されるべきかについての議論を伴っている。「どのように」（how）については、次の四つの立場に整理できる。

第一に、社会の全成員に同じ効用、資源、ケイパビリティを分配すべきであるという立場がありうる。目的論的な平等主義と呼ばれる立場である。この立場には、デレク・パーフィットにより「水準低下」（leveling down）という有力な批判が提起されている。つまり、平等を無条件に正しいとすると、厳格な平等を達成するために、より不利な立場にある人も含め全員の水準を切り下げることが正当化されてしまう、という批判である。

第二に、十分主義（sufficientarianism）を擁護する立場がある。セン、アンダーソン、ハリー・フランクファート、ロジャー・クリスプらがこの立場をとっている。十分主義が求めるのは、あらゆる人びとの効用、資源ないしケイパビリティが十分と判断される水準（十分性水準）に達しうるような分配状況を実現することである。十分性水準に達しない人びとの数をできるだけ少なくすることに関心を向け、その水準以上には関知しない立場（フランクファート）、十分性水準未満ではより境遇の悪い人びとを優先し、その水準以上では等しい重みを与える立場（クリスプ）などがある。

第三に、優先主義（prioritarianism）がパーフィットやアーネソンらによって擁護されている。この立場は、つねに、十分性水準以上でも福利水準が現に最も低い人びと――たとえば激痛を伴う病気にかかっている人――への対応を優先する。つまり、マイナスの福利が大きい順にそれを解消することが目指されるのである。

最後に、相互性＝互恵性（reciprocity）の原理がロールズやスキャンロンらによって擁護される。経済的・社会的不平等はすべての人びとの相対的利益（everyone's advantage）に資す場合にのみ正当化されると考えるのがこの立場である。第五章で述べたように、社会全体の福利がその一部の成員を犠牲にして最大化されるような分配はこの原理によって退けられる。最も不利な立場にある人びとの生の見通しを長期的に最大限に改善することを制度の編成に求めるロールズの「格差原理」はこの立場に含まれる。

分配的正義論において「何を」（what）「どのように」（how）分配すべきかに関しては、複数の組み合わせがある。たとえば、基本的とみなされるケイパビリティにおいて誰もが十分性の水準に到達できるように（セン）、つねに現在の福利水準が最も低い人びとを優先して（パーフィット）、社会的基本財の分配が相互性の原理を充たすように（ロールズ）、といった組み合わせである。基本的ケイパビリティを指標として相互性の原理を充たすように、という組み合わせも考えられる。どの組み合わせが適切かについては立ち入らないが、貧困——低水準の福利と定義するのであれ、（センのように）基本的ケイパビリティの欠損と定義するのであれ——の解消だけではなく、過度の不平等の縮減をも重要と考えるなら、相互性の原理との組み合わせが適切であるように思われる。

報酬の違い

市民にほぼ平等な仕方で分配されている公共的な財やサーヴィスは多岐にわたっている。治安や消防のような公共財だけでなく、日本では初等・中等教育、医療、介護などもそれに当たる。その一方で、各人の労働や仕事への報酬の支払いは不平等に行われ、そのことが当然と思われている。報酬の違いが正当化されうるとすれば、その違いを正当化する根拠は何だろうか。

常識的な見解では、功績（desert）や貢献（contribution）の違いが報酬の多寡を正当化する理由として挙げられる。他者よりも多くの努力（功績）や貢献が認められるなら、その人はそれに比例してより多くの報酬を受けるに値する、という考えである。だが、この見解には問題がある。まず努力（功績）について言えば、ロールズが強調するように、どれだけ努力（しようとするかは、自然的偶然性（才能と社会の価値評価との適合性）や社会的偶然性（どのような家庭環境で育ったか）によって大きく左右される。頑張ろうという努力性向がそうした偶然性に依存しているとすれば、努力に当たる部分を純粋に切り分けて評価することは実際上は不可能である。

貢献に応じた報酬をというのもよくある常識的な見解だが、そもそも、複合した組織では個人別の貢献を特定することは容易ではない。また、生産への貢献は、同じ能力やスキルをもつ人びとがどれだけいるか、それらを発揮できる機会を与えられているかどうか、その能力やスキルをもって生産される財に対してその時々の社会の需要がどれだけあるか、など幾重もの偶然性によって左右される。たまたま就職氷河期にめぐり合わせた人々の「貢献」はどう正当に評価されうるだろうか。

報酬の多寡を正当化する議論としては次の考えが有力である。スキャンロンによれば、能力の違いはあくまでも諸々の制度の目的に依存するものであり、その違いが制度（医療制度や司法制度）を共有する者すべてにとって利益になるかぎり、報酬の違いは正当化される。たとえば医師や判事になるためには、長い教育や訓練の期間を経ることが必要であり、その職務に伴う責任はより重く、心身にもより強いストレスがかかる。報酬の違いは、そうした負荷の違いを考慮しつつ、必要とされるところに適した能力やスキルをもつ人びとを引きつけるときに正当化される。ロールズによれば、社会の制度が、与えられた才能を教育や訓練を通じて活かし、しかもそのようにして培われた能力やスキルの行使が社会の他の成員に相対的利益をもたらすような仕方で編成されているとき、人びとはより多くの報酬に対して「正統な期待」(legitimate expectations)をいだくことができる。

制度と相互行為

本章ではこれまで社会の制度と平等、不平等との関係を見てきたが、狭義の制度には還元されない問題についても補足しておきたい。他者を「平等な者」としてではなく「劣位の者」として扱う慣行や言動は「差別」(discrimination)と呼ばれる。フォーマルな制度が差別的な扱いを禁じてもなお差別が執拗に社会に残ることは、たとえばエリザベス・アンダーソンがアメリカ社会における人種主義について明らかにしている(『統合という命法』、二〇一三年)。

一般に、形式的な機会の平等は保障されているとしても、実質的な機会へのアクセスの点で歴史的に差別を被ってきた社会集団に属する人びとは不利な立場を強いられがちである。「積極的な格差是正措置」(affirmative action)の実施にもすでに一定の歴史があるが、社会集団全体にとって不利な状況は依然として再生産されている。身近なところで言えば、日本では育児休暇の制度は充実していると見られるが、この制度を利用するとキャリアにおいて不利になるという、これまでの慣行にもとづく了解がいまだに制度の活用を妨げている。男性が育児休暇の取得に躊躇するかぎり、その分の育児の負担は女性にシフトされ、女性にとって不利な状況が再生産される。

インフォーマルな相互行為の次元で人びとの判断や行動を規定している社会規範を変えていくにはかなりの時間がかかるが、不平等の問題にはフォーマルな制度の整備だけでは対応できない。市民に便益や負担を分配する制度をロールズは「基礎構造」(basic structure) と呼んだが、社会の基礎構造は編成された諸制度のみからなるという考えは再検討を要すると思われる。というのも、アイリス・M・ヤングが主張するように、人びとの相互行為が再生産する、ある仕方で定まったパタン――あのようにではなくこのように行為する――もまた、便益と負担の分配、有利‐不利を左右し、正当化できない不平等をつくりだしているからである (『正義と差異の政治』、一九九〇年)。

経済的・社会的な不平等は、優位‐劣位が固定されるような社会関係を再生産する。市民間の対等な関係は損なわれ、どのような生を展望できるかに大きな開きが出てくる。社会はたんにセーフティネットを張るだけではなく、人びとが生の見通しを切りひらくことのできる制度をつくりだし、また、不当な慣行を改めていく責任を負っている。平等な社会関係を取り戻していこうとするとき、何をどのように分配すべきかについてあらためて検討することが、公共哲学の課題である。

第九章
社会保障の公共哲学

第一節　社会保障をめぐる状況の変化

社会保障とは何か

社会保障（social security）とは、社会保険、公的扶助、公衆衛生等を通じた、政府による生活条件の保障を指す。日本で言えば、狭義の社会保障とは、所得保障（年金、失業手当、生活保護など）、医療保障、介護保障、住宅保障、その他の社会サーヴィス（保育など）から成る。広義の社会保障は、さらに雇用保障や教育機会の保障を含む。

これらの生活保障は、民間の保険や年金によって、市場を通じても供給されており、非営利・

非政府の団体も多く生活保障に関わっている（たとえば「子ども食堂」のような取り組みが挙げられる）。しかしながら、基本的な生活条件の保障を、完全に政府以外の主体に委ねることなく公共的な課題として行うのが、政府による社会保障ということになる。以下では、なぜ社会保障が求められるのかという「社会的連帯の理由」を考察した上で、そうした理由の観点から見た現行の社会保障政策の問題や将来的な展望も議論したい。

二十世紀の福祉国家

二十世紀の先進諸国の社会保障の仕組みは、産業資本主義の発展、経済的な大恐慌、二度の世界大戦（総力戦）、戦後の経済復興といった経緯を踏まえて、政府が全国民の経済的苦境を救う責任をもつべきだという考えにしたがって発展してきた。そうした仕組みを備えた国家を一般に福祉国家（welfare state）と呼ぶ。

日本も例外ではなく、社会保障制度の多くは戦時体制に起源をもち、一九六〇年代から七〇年代の高度経済成長の時期に確立された。「日本型福祉社会」ないし「日本型生活保障システム」の成立である。

福祉国家の再編

しかし二十世紀の最後の四半世紀に社会保障をめぐる状況は大きく変化した。決定的に重要な年は一九七三年である。この年ブレトン・ウッズ体制から変動相場制への移行、第一次オイル・ショックが起こった。これ以降、福祉国家の財政的基盤は弱体化していく。

かつての福祉国家の黄金時代を支えたのは、社会保障と経済の好循環であった。社会保障を通じて多様な人的資本が形成されると、国の経済的な競争力は強化される。将来の生活への安心は、消費支出の拡大をもたらす。就労者の増大は社会保障コストの削減につながる。

ところが一九七〇年代以降、経済が低成長へと移行することでこうした好循環は終わった。経済成長の鈍化に伴う財源不足、グローバル化のもとでの賃金抑制圧力といった事態が生じる。購買力が上がらないのでますます景気が悪くなる。結果として財源不足がさらに進む。

こうした展開への対応として、ネオリベラリズムによる福祉国家の解体、「第三の道」による福祉国家の再編といった対応が生じ、こんにちに至るまで流動的な状態が続いている。日本でも日本型生活保障システムは変容を迫られている。

日本の社会保障

日本の社会支出は西ヨーロッパ諸国と比べると低い水準で、財政的には「大きな政府を伴う福祉国家」では必ずしもない。にもかかわらず、社会保障の「セーフティネット」化とその下方修正の繰り返しが生じている（たとえば、生活保護の支給額の切り下げ）。そのため社会保障に対する期待水準は低下し、制度への信頼も下がり、制度からの「退出」が起こっていることが指摘されている。日本の社会保障に顕著な性格として、①福祉レジームの雇用レジームによる代替、②職域ごとに分立化した制度、③家族への依存、④人生後半（年金、介護、医療）への偏りといった点が挙げられる。これらの特徴について少し詳しく見ておこう。

とくに①と②に関連して、労働市場内部の分極化と労働市場からの排除が進んでいる。たとえば日経連による『新時代の「日本的経営」』（一九九五年）は、労働者を三種類（「長期蓄積能力活用型」、「高度専門能力活用型」、「雇用柔軟型」）に分割して、それぞれのタイプに異なった労働条件を導入することを提案した。実際に二〇〇〇年代には柔軟型の非正規雇用が拡大したのである。

非正規雇用の拡大は社会保険の「逆機能」をもたらすことが大沢真理によって明らかにされた（『生活保障のガバナンス』、二〇一四年）。保険料の事業者負担を回避しようとする企業は労働力の非正規化を進める。すると自己負担分を負えない非正規労働者や失業者（その多くは女性や若年層）が保険から退出する（保険料の未払い、いわゆる「年金未納」など）。言いかえると、社会保障を最も必要とするはずの経済的弱者が制度からはじかれてしまう。その結果、日本では所得の再分配による貧困削減が生じない。とりわけ子どもがいる世帯では再分配による貧困削減率がマイナスである。すなわち、社会保障制度があるおかげで、かえって貧困率が増しているのである。

③に関連して、従来の日本のレジームは典型的な「男性稼ぎ主モデル」であった。これは、男性に対して安定した雇用と「家族賃金」を保障し、社会保険を整備する一方で、女性と子どもの生活は男性に付随して保障される体制である。家事労働の責任はもっぱら女性（妻や母）が負う。家事労働に対する公的支援は例外的なものにとどまる。

しかしながら、不払い家事労働や女性のダブルシフト（外での仕事に加えて家事・育児をこなさなければならない）などを自明なものとしてきたこの体制は、こんにちでは深刻な危機にさらされている。ジェンダー規範の問題化、婚姻関係の不安定化、核家族という前提の崩壊（単身世帯や高齢者世帯の増加）といった社会の変化に対応できないからである。

④に関連して、高齢化・老齢人口の増加に伴う支出の増大が深刻な問題となっている。とりわけ、少子化とあいまって世代間バランスが崩れることで、年金制度全体が持続可能性の危機にさらされている。この問題には上に見た男性稼ぎ主モデルの影響もある。少子化対策には仕事と育

育児を両立できるような公的支援（いわゆる「育児支援」）を導入することが効果的とされるが、日本では男性稼ぎ主モデルが強く支持され、女性の政治参加も低調であったため、そのような支援は進まなかった。その間に高齢化が進んだために、高齢者の政治的発言力が相対的に高まり、若い世代のための育児支援の導入はますます難しくなった。前田健太郎によれば、「日本は育児支援が充実する前に高齢化が進行し始めたため、政策転換が難しくなっている事例」なのである（『女性のいない民主主義』、二〇一九年）。

こうした困難に直面している社会保障を、どのように改革すればよいのだろうか。一つの方法は公的な制度全体を縮小ないし廃止し、市場で供給される保障を中心とした「自己責任」型の生活保障に移行することである。いわゆるネオリベラリズムがこの方向を指し示している。あるいは、政府ではなく、血縁、地縁で結びついた人びとの「共同体」に生活保障を委ねるという線も考えられる。だが、他に可能性はないのか。以下では、社会保障を維持する根拠となる、社会的連帯の理由を探ってみたい。

第二節　社会的連帯の理由

二種類の連帯

社会的連帯（social solidarity）には大きく分けて二つの形態がある。「人称的な」（interpersonal）連帯とは、具体的な他者に頼る・頼られることを意味する。家族のような親密圏におけるケアの実践（顔の見える他者の生の必要・困難への直接的対応）は、人称的な連帯の例である。他方、非人称の（impersonal）連帯とは、一般的な他者に頼る・頼られることである。たとえば、社会保険は被保険者の間の非人称の連帯に支えられている。

家族や地域の共同体における人称的な連帯が消滅したり、不要になったりすることはないだろう。しかし、後に見るように人称的な連帯には固有の危険もある。人称的な連帯に加えて、見知らぬ他者との間に非人称の社会的連帯を形成し、維持すべき理由とは何か。ある社会の内部で社会保障のかたちをとった再分配（資源の移転）を支持しうる理由とは何か。

生の動員

第一は生の動員（mobilization）である。全国民の生（生命・身体）を戦争や生産のために動員し、「国力」を増強するために社会保障は行われてきた。ミシェル・フーコーのいう「生権力」

の一形態としての社会保障である。ここには、労働者に対する生活保障を提供することで、階級対立を抑止し、「国民」の一体性を高めることも含まれる。有名な例は十九世紀ドイツの「鉄血宰相」ビスマルクの社会政策である。

動員が社会保障の推進力の一つであったことは間違いない。しかし、動員の陰の側面も見落とすべきではない。それは、集合的生命／身体の健康を害する、生産力を備えない、「国力」に負担をかける等々とみなされる人びとの排除や周縁化である。たとえば、旧優生保護法（一九四八―九六年）のもとで行われた障碍者に対する不妊手術の強制などが挙げられる。私たちは動員だけに頼るべきではないと思われる。

生のリスク

第二は生のリスク（risk）である。生につきまとうさまざまなリスクに対応するためのコストを分散させて共有することは合理的である。各人の合理的な利害計算（一度には背負いきれないコストに備えて普段から少しずつお金を積み立てておく）が、社会大に拡大されると、結果として社会的連帯をもたらす（一人では背負いきれないコストを大勢で分担する）。疾病、労災、失業、要介護といったリスクに対処するために、リスクに直面しないときに保険をかけておく社会保険制度に、この考えは典型的にあらわれている。

リスク対応としての社会保障には限界もある。①リスクは均等に分配されているわけではなく、偏在している。たとえば、特定の病気にかかりやすい人とそうでない人がいる。そのため、リスクの偏在に対する認知可能性の増大（たとえば、遺伝子検査による疾病罹患可能性の算出）によって、連帯の基盤が掘り崩される可能性がある。②保険である以上、保険料を納める必要がある。保険料を拠出できる者と拠出できない者との格差が生じること（無保険者の存在）は避けられない。しかしながら、生まれつき高い健康リスクを負っていたり、高い所得を得るための才能に恵まれなかったりすることが、当人に責任のない偶然性の一部であるとすれば、こうした不運に対する公的な手当てがなされてしかるべきではないか。

生の偶然性

そこで第三に、生の偶然性（contingency）が社会保障の理由となる。自然的偶然性（才能や障碍）、社会的偶然性（出身家庭）、運・不運の偶然性（自然災害など）への対応として社会保障を行うべきだとの考えである。恵まれた生の条件をたまたま得た者からそうでない者への資源の移転（補償）が正当化される背後には、自分ではどうしようもできない諸事情ゆえに不利を強いられるのは不正であるとする、運の平等主義の考えが存在すると言える。

しかし運の平等主義に限界があることはすでに見た（第八章）。ここでは次の点を確認したい。①偶然と選択を分ける境界に明確な線を引くことは困難である。②偶然の選択への書き換え（たとえば、出生前診断と選択的中絶）が強いられるおそれがある。③補償と引き換えに、補償を受ける人びとに劣位性の自己認識を迫り、自己尊重を損なうおそれがある。

生の脆弱性

そこで第四に、偶然性よりもいっそう根本的な生の脆弱性（vulnerability/precariousness）に注目が向けられる。生命（心身）の根本的な有限性ないし脆弱性のゆえに、誰も他者への依存（dependency）を避けることはできない。この脆弱性は生、育、老、病、死という生の諸局面において顕在化する。誰もが他者に依存することなしには生を保ちがたい、脆弱な存在者であるという事実を承認するとき、依存の不可避性を受け止める対応としての社会的連帯が正当化されるだろう。

依存自体は当たり前のことであり問題ではないが、依存が支配（domination）に通じる危険性は指摘しておかなければならない。他者からの支配を被ることが避けられるべき重大な不正であることは、多くの論者が指摘している。たとえば、フィリップ・ペティット（一九四五―　）は、支配、すなわち他者からの恣意的な干渉・介入の可能性にさらされることは、自由を失うことであると主張する（『共和主義』、一九九七年）。実際の干渉が行われるかは必ずしも重要ではない。また干渉とは積極的に妨害や暴行をすることに限られない。あなたが誰かの財政的な支援や、心身的な介護に依存しているとしよう。支援や介護を与えるか否かが、ひとえにその誰かの意思にかかっている程度に応じて、あなたは不自由である。昨日まで支援してくれた人が今日は一方的に支援を打ち切ることができるとしたら、あなたはその人に支配されており、自由ではない。実際に打ち切らなくとも、いつでも打ち切ることができるという点が重要である。介護してくれる人がそれと引き換えに性的な関係を求めてきたときに拒否することが難しいならば、目下のところそのように迫られてはいないとしても、あなたはやはり自由ではない。その相手が迫ろうと思えば迫れるという時点で、あなたは支配されている。そしてペティットによれば、誰からも支配されないということ（支配の不在）は、私たちにとってとくに重要な自由なのである。

ようするに、他者への依存が、他者の一方的で恣意的な意思への依存となるとき、依存者はその他者に支配される。残念ながら家族のような親密圏での人称的連帯には、支配の危険性がつきまとう。家族からの介護を受ける障碍者や高齢者が、介護者によって支配される場合を考えてほしい。逆の場合も考えられる。高齢の親を介護する家族が、被介護者の意思に「振り回されて」、身動きが取れなくなることがあるかもしれない。

　こうした親密圏での支配の問題を緩和するためには、具体的な他者への依存から非人称の制度化された相互依存への切り替えが有効だろう。たとえば、ケア・ワーク（依存対応労働）の「脱私事化」がそれである。こうして、生の脆弱性は非人称の連帯を求める理由となるのである。

生の複数性

　第五に、生の複数性（plurality/pluralization）を挙げることができる。ここで複数性とは、人びとの生き方がそれぞれ異なり多様であることである（アーレントの複数性の観念を参照してほしい）。複数性は自らが実現しえない価値の享受をもたらす。あなたとは異なる才能をもった人びとがいて、あなたとは違うキャリアを送ることによって、あなたは、その人びとのつくりだす価値を享受できるのである。しかし多様な「生の見通し」が開かれていない場合、「生の計画」は貧困化・画一化して差異は生まれない。そこで、多様な才能の活用とそれらの間の相補性の形成のために、社会保障が有益である。人びとの多様な生き方を可能にし、また促すための社会的資源の分配として、社会保障が正当化されるのである。

　高リスクの職業の人びとと、どうしたら連帯できるかという問いに対する、一つの答えは複数性にある。多様な能力をもつ人びとの間の社会的協働（分業）の利益と、その利益に関して社会全体が負う負債を前提とすると、さまざまな職業の人びとと連帯することは各人にとって合理的であると同時に義務となる。実際にも、社会保険の制度化における、危険だが社会的に必要な仕事を引き受けてくれる人びととの連帯は、このようにして正当化されたのである（重田園江『連帯の哲学I』、二〇一〇年）。

自律と平等

生のリスク、生の偶然性、生の脆弱性、生の複数性はいずれも、人びとが他者の（恣意的に発動されうる）意思に依存せざるをえない状態に陥るのを避けようとする点で、「生の自律」（autonomy）の尊重を根本的な価値の一つとして重視している。ただしこれは、他者にいっさい依存しない生き方をすべきであるという「自立」（independence）の追求とは区別されるべきである。自立が実際には不可能であり、むしろ幻想であることは、フェミニズムとケアの倫理を論じるときに確認されるだろう。

このように、市民の間に支配ないし抑圧が生じ、その平等な関係が損なわれることを避けるという観点から見れば、社会保障はすべての人びとに市民としての平等を保障するという目的をもっている。これは、運の平等主義よりも、関係論的平等主義と親和性のある考えである。

合理的エゴイストの問題

それでも、他者のリスクや脆弱性に関心をもたず、かつ自分の能力に絶対的な自信がある合理的エゴイストであれば、連帯を拒絶するかもしれない。さらに、ひとたび連帯が成立すればそれにただ乗りする合理的エゴイストも現れる。

合理的エゴイスト（という私たちの一側面）にどう対処するかという問題は避けられない。彼らに対しては、生の動員や生の複数性がもたらす利得（あるいは、それらが失われたさいの損失）を強調する必要があるだろう。強制的な徴収の仕組みも避けられないだろう。しかしそれと並行して、多くの人びとがすでに（暗黙裡に）コミットしている諸規範（理由）を再構成し、明示化することも重要だと考えられる。以上の議論はそうした試みの一つである。

第三節　新しい連帯の仕組みの展望

現行の社会保障の難点と再編への指針

これらの連帯の理由の観点から見たときに、現行の制度にはいくつか難点がある。それらの難点を、制度の再編への指針とともに論じておきたい。

事後的補償から事前の保障へ……第一に、現行の制度は事後的対応に偏りすぎである。人びとの自律的な生の促進としての事前の保障ではなく、保護としての事後的な補償にとどまり、多様な才能が発揮される機会を十分に開くことができていない。たとえば、人生後半のみならず人生前半の社会保障の拡充が求められる。資産の広範な分散を図るロールズの財産所有のデモクラシーが一つの方向性を示している。

格差の再生産を止める……第二に、現行の制度は社会的・経済的格差の再生産を見過ごしている。こうした格差が政治的なそれに反映されるとき、物質的に貧窮しているだけではなく心情において社会統合から離反するアンダークラスが生み出されることも、ロールズが指摘したとおりである。そこで、平等な関係ないし相互性を長期的に再生産・維持できる制度への転換が求められる。格差原理による最も不利な人びとの継続的な包摂はその一例である。

パターナリズムからの脱却……第三に、パターナリズムとスティグマ化が挙げられる。ここでパターナリズムとは、人びとの生き方や生活習慣に対する公的な干渉を指す。福祉受給者に、「劣った生き方しかできない人びと」というスティグマを付与することは、市民の間に優劣の関係をつくりだすものであり、平等の理念に反する。基本的には「選別主義」（資力調査による対象の選別）から「普遍主義」への移行が求められる。たとえばベーシック・インカムの導入である。

現物給付の拡大……しかるに第四に、現状が現金給付に偏っていることは問題である。現金給付には選択の自由を確保する（パターナリズムになりにくい）という利点もあるが、必要な財やサーヴィスへのアクセスを必ずしも保障しないなどの難点もある。現物給付には、現金給付に比して、用途が定まっている、限度がある、ユニバーサルである（特定の誰かのための分配ではない）、サーヴィスに従事する人びとへの就労機会の拡大に役立つなどの利点がある。そこで、たとえば後に見るベーシック・サービスの提案が参考になる。

労働中心主義を超えて……第五に、労働（生産）中心主義の問題が挙げられる。就労による生活保障の構築が依然として中心的な位置を占めている現状は、「雇用なき就労可能性」が避けられない産業構造、生産に比した再生産の軽視、不払い労働の存在といった問題に対処できていない。生涯を通じたワーク・ライフバランスの再編などが試みられるべきだろう。

新しい制度の提案

従来の社会保障は人びとが生産労働に従事していること、とくに大多数の人びとが被雇用者であることを前提にしている。そのため雇用保障（雇用の創出、解雇の規制、最低賃金の保障など）がその他の種類の社会保障の前提となる。言いかえれば、労働する能力や機会のない者に対する補完的な生活保障として、その他の社会保障は位置づけられてきた。新しい制度・政策の提案の中でも、従来通り雇用保障を重視する例として積極的労働市場政策、社会保障を重視する例としてベーシック・インカムなどがある。

積極的労働市場政策……まず積極的労働市場政策（activation）とは、就労を通じた社会への再参入の促進のことである。働かない・働けないことで社会的に不活性（inactive）になっている人びとを活性化させることを狙いとする。就労率を上げることで社会的包摂を広げ、さらに税収を上げ、年金や失業手当などの支出を減らして財源確保に貢献することも期待される。

積極的労働市場政策はワークフェア（workfare）ないし福祉の契約主義（就労に対する意欲を示さないかぎり福祉を打ち切る）とは異なる。働かないことに対する懲罰ではなく積極的に就労を促すことが重要である。具体的には、リカレント教育、公的な職業プログラムの拡充、諸個人の実情に応じた職業紹介のサーヴィス、初歩的な職からより高度な職への昇任を促す「キャリア・ラダー」の整備などが挙げられる。問題点としては、雇用なき就労可能性に代表される労働市場の構造的な問題の解決にはつながりにくい、問題を個人の働き方の問題に縮減することで、個人に対して労働規律を強要する側面がある、選別主義によるスティグマ化を持続するなどの点を指摘できる。

当初分配……雇用に直接関係するもう一つの提案は当初分配（pre-distribution）である。これは、当初分配すなわち課税前所得のあり方を見直す必要があるという主張に支えられている。提案の背景には、一九九〇年代以降、内部留保の増大と実質賃金の低下が並行して進む事態が問題視されていることがある。課税前の賃金そのものが、今のままでは低すぎるというのである。具体的には、最低賃金保障、不当な賃金格差の是正、労働分配率の「適正化」、教育・職業訓練の拡充などが求められている。問題点としては、不況に備えた内部留保の増大、株価重視のための人員削減など、個々の企業にとっての合理的行動が課す制約にさらされていることが指摘される。

ベーシック・インカム……これらの提案は、依然として労働中心主義の枠内にあるとも考えられる。そこで、労働中心主義の弊害を克服する切り札としてベーシック・インカム（基本所得またはＢＩ）が提案され、多くの人に知られるようになった。これは労働実態、労働能力、労働意欲といった労働をめぐる差異を一切問わない個人単位の事前の定額の現金給付である。ライフ・プランの多様化、不払い労働に携わる者の所得保障、労働の対価ではない自由時間の確保などの利点があるとされる。生活保護などと違って、労働するインセンティヴを引き下げない（ＢＩは働いていても減額されることがないので、働けば働くだけ必ず得になる）という点も注目されている。

ＢＩについては、なぜ働かない人にも分配するのかという問いに答える必要がある。たとえば次のような回答が可能である。①貧困線を下回らない程度の所得は、労働の有無とは別に保障されるべき権利である。②市民の間に優劣をつくりださないためには普遍主義が妥当である。③現代社会では「働く機会」自体が希少な財である。この財を運よく得られた人には、得られなかった人と利益を分かち合う必要がある。④利潤を生み出す労働が生き方のすべてではない。「働かずに生きる」自由も一つの生き方として認めるべきである。

ＢＩの問題点も多く指摘されている。現実的な困難として、追加的な労働所得へのインセンティヴを保つ必要を考慮するとかなり低い支給水準にとどめざるをえない、常識的な労働規範に抵触するため勤労者の側が勤労しない人びとに嫉妬や恨みを抱くといった懸念がある。こうした事情からＢＩは実現性がないという批判もあるが、その反面、ＢＩに似たものが部分的にはすでに制度化されているのも事実である。たとえば、児童手当、税を財源とする年金、給付付き税額控除などがある。給付付き税額控除はアメリカ、イギリス、カナダなどで導入されている。

ＢＩについてもう一つ注意すべきなのは、それが必ずしも社会的連帯を維持ないし強化するために提案されるとは限らない点である。すなわち、ＢＩは、社会保障に否定的な保守主義やネオリベラリズムの観点から、財政上の理由で、生活保護、失業手当、公的年金などを削減または廃止するのと引き換えに提案されることがある。低額のＢＩを給付する代わりにその他の現金給付が打ち切られ、しかも現物給付を充実することも行わないとすれば、社会保障は全体として弱体化することになる（宮本太郎『貧困・介護・育児の政治』、二〇二一年）。日本でも日本維新の会が、給付付き税額控除またはＢＩを基軸とした「再分配の最適化・統合化」を本格的に検討するとしている。これが社会的連帯にとってどのような意味をもつのかは、慎重に見守る必要がある。

参加所得……雇用を前提としない現金給付のもう一つの例に、アンソニー・アトキンソンらによる参加所得（participation income）の構想がある。これは雇用の上位概念としての「仕事」を重視し、雇用の促進のみにとどまらない「社会的アクティヴェーション」を目指すものである。具体的には、教育・訓練、ケア・ワーク、ヴォランティア活動といった、社会的に有意義とみなされる活動分野における、アソシエーション、ＮＰＯ、社会的企業などによる仕事の提供と、政府による助成・補助（および監査）が提案されている。

参加所得の実現性は、国家と市民社会がどのような仕事をどれだけ提供できるかにかかっている。さらに「社会的に有意義とみなされる活動」は誰によってどのような規準で定義されるのかという問題もある。

ベーシック・サーヴィス……一方、雇用と結びつかない現物給付を重視する構想にベーシック・サーヴィス（普遍的基本サービスまたはＵＢＳ）がある。ロンドン大学グローバル・プロスペリティ研究所の提案が有名である。これは最低賃金を得ていれば誰でも生活が維持できる環境を政府が保障するもので、公平性、効率性、連帯、持続可能性を満たすと主張される。供給されるべきサーヴィスとして、保育、高齢者・障碍者への介護、無償パスの提供を含めた公共交通、インターネットアクセスを含む情報環境、加えて低所得層への住宅や食料の供給などがある。日本では立憲民主党が基本政策の中で、ベーシック・サーヴィスを拡充し、誰もが必要なサーヴィスを受けることのできる社会を目指すと唱えている。財源は所得控除の廃止による所得税の実質的増税が考えられる。ＢＩに比べた利点として、実質的にＢＩよりも低所得者層への再分配効果が高くなること、既存の社会保障の枠組みを大きく変える必要がないこと、財源の点で実現性があることなどが挙げられる。

ＵＢＳにも問題はある。現物給付に伴う問題として、国家によるパターナリズムのおそれがある。「誰もが必要なサーヴィス」が何かを決めることを通じて、誰もが従うべき生き方を政府が決めることになるかもしれない。低所得者への再分配効果が高い反面、すでに豊かな環境にある中間層にとってはあまり魅力的ではないとも言える。

以上、これからの社会保障のあるべき姿についてなるべく具体的な構想を示すよう努めた。これらの政策をめぐる論争において、公共哲学の役割は、私たちが目指す基本的な価値を明らかにし、それらの間の優先順位を決める企てに貢献することである。

本章で私たちがとりわけ重視したのは、連帯、複数性、自律、平等といった価値である。これらは自由の価値と調和しないと思われるかもしれない。自由を、何ものにも制約されることなく、何ものかに依存することもなく、自分の思い通りに生きていける私的空間のように考えるならばたしかにそうかもしれない。しかし自由をそのようにだけ考える必然性はないだろう。他の人びととの公共的な結びつきにおいて成立する自由も存在するはずである。社会保障はそのような結びつきの一つである。

第十章
デモクラシーの公共哲学 I

第一節　現代におけるデモクラシー

デモクラシーとは何か

デモクラシーないし民主主義という言葉はこれまでにも何度か登場した（デューイ、シュンペーター、ハーバーマスらのデモクラシーの構想、ロールズの財産所有のデモクラシーなど）。しかしそもそもデモクラシーとは何か。

デモクラシーという言葉は少なくとも紀元前五世紀のアテナイの体制まで遡る。その語源はギリシア語のデモクラティア、すなわち「民衆の支配」であるとされる。一人の君主でも少数の貴族でもなく、多数を占める普通の人びとが平等に政治の実務に携わることが、古代ギリシアにおけるデモクラシーの意味であった。

ただし、近年ではこの通説に対してジョン・キーンやデイヴィッド・グレーバーによる異論がある。彼らは、デモクラシーの起源をギリシアだけに求めることは西洋中心主義的なバイアスであるとして批判している。キーンによればデモクラシーの語源は紀元前十五世紀以前の中東にまで遡るとされる（『デモクラシーの生と死』、二〇〇九年）。グレーバーは、アテナイにデモクラシーの起源を求めること自体が、十九世紀の西洋中心主義による歴史的産物であることを強調する。実際には、たとえばアメリカ先住民のイロコイ族の社会にもデモクラシーは存在したのであり、むしろ当時のヨーロッパ系アメリカ人はそうした伝統から影響を受けていたのである（『民主主義の非西洋起源について』、二〇二〇年）。

デモクラシーの多義性

いずれにせよデモクラシーは、リベラリズムやフェミニズムよりもはるかに古い言葉である。ところが、ロバート・ダール（一九一五―二〇一四）も言うように、「皮肉なことに、デモクラシーがそうした長い歴史をもつという事実そのものが、混乱と不合意を生み出すのに貢献してきたというのが実態である。というのも、「デモクラシー」という語は、異なった時代と場所にいる異なった人びとに対して、異なったものごとを意味してきたからである」(『デモクラシーについて』、一九九八年)。

たとえば、アテナイのデモクラシーと、アメリカ合衆国の建国以来の体制は、現代では同じデモクラシーという言葉で表現されるが、それらの間には大きな違いがいくつもある。そもそも「建国の父」たちは、自分たちがデモクラシーを樹立したなどと思っていなかった。彼らは自分たちの樹立した体制をデモクラシーではなく共和国・共和制(republic)と称した。というのも、この時代にはデモクラシーという言葉はよい意味の言葉ではなかったからである。現代ではデモクラシーはおおむね肯定的にとらえられているが、歴史的にはむしろ批判の対象だった時期のほうが長いのである。

図10-1　R. ダール

以下ではこうしたデモクラシーの多義性を簡潔に整理し、現代におけるデモクラシーの特徴を明らかにする。その上で、二十世紀の終わりに登場して幅広い議論を喚起しているデモクラシーの一つの構想を詳しく紹介する。それが熟議デモクラシー(deliberative democracy)である。

制度としてのデモクラシー

デモクラシーには、民主主義、民主政、民主制、民主国などの訳語がありうる。なかでもよく用いられるのは民主主義だろう。しかしこの章では、デモクラシーを主義・主張ではなく、実際に行われている制度と考える。すなわちデモクラシーを「平等と包摂を条件とする意思形成・意思決定の政治制度」とさしあたり定義づける。

このように考えたとき、現代のデモクラシーは次の三つの制度的側面をもつものとして特徴づけることができる。すなわち①代表制・代議制デモクラシー（representative democracy）、②立憲デモクラシー（constitutional democracy）、③リベラル・デモクラシー（liberal democracy）である。

代表制・代議制デモクラシー

アテナイに成立した小規模のデモクラシーを直接制デモクラシー（direct democracy）、あるいは集会デモクラシー（assembly democracy）と呼ぶ。その特徴は、市民が全員参加できる集会（民会）と、抽選による公職者の交代にあった。これらの制度が民主的であったのに対して、選挙を通じた代表制は、元来は貴族制的な仕組みとみなされた。選挙の貴族制的な性格は中世の身分制議会にも共通している。

近代におけるデモクラシーと議会の結びつきによって代表制デモクラシーが成立する。その背景には、近代社会では代表制は次のような理由から直接制よりもふさわしいとされたことがある。第一に、同意による正統性の観念が近代の「自然法論」と呼ばれる理論によって確立された。それによれば、政府による支配は、市民の明示的な同意すなわち選挙による立法者の選出を通じて正当化されなければならない。ジョン・ロックの『統治二論』（一六九〇年）が明確にした、市民から議会へ、議会から政府へという正統化の連関において、選挙が不可欠と考えられたのである。第二に、直接制デモクラシーの不可能性が指摘された。政治社会の規模の拡大、政治から職業や宗教への人民の関心の変化、人民の知性の相対的低下といった点で、直接制は近代社会には適合しないという了解が定着したのである。

そして第三に、代表制には直接制にはない利点があることも指摘された。なかでもジェイムズ・マディソンは『ザ・フェデラリスト』（一七八八年）において、代表制を備えた「大きな共和国」では、多数の派閥が相互に牽制し合うことで派閥的利害が抑制され、その結果個人の自由が守られ、さらに選挙で選ばれたすぐれた政治家による統治が可能になると説いた。

立憲デモクラシー

立憲主義も近代以前から存在する仕組みだが、近代においてデモクラシーと結びつく。近代立憲主義とは、権力制限のための権力分立（統治構造）と、法の支配のもとでの権利保障（権利章典）とを、政府の正統性の要件とする仕組みである。

近代立憲主義にデモクラシーが加わると立憲デモクラシーとなる。これは、多数派による民主的な意思決定を、個人の基本的権利（人権）を保障する憲法によって制約する制度である。とりわけ、人民主権と人権との間に緊張関係があることを認め、議会による民主的な意思決定に加えて司法審査を制度化することで、その調停を図る仕組みが一般的である。

立憲主義とデモクラシーには潜在的な緊張がある。デモクラシーを多数決主義として解する限り、多数派による立法が実質的に少数派の自由や権利の制約を目的として行われることもありうるからである。とりわけ、人種、階級、宗教などで分断された社会では、多数決は多数派の生活防衛と少数派の抑圧の道具としても機能しうる。

これに対して、ハーバーマスのように、立憲主義とデモクラシー、人権と人民主権は相互を可能にする相互補完的関係にあると見ることもできる（『事実性と妥当』）。すなわち、立憲主義からデモクラシーへの積極的な影響として、表現の自由などの権利が憲法上保障されることで、後に見る熟議を通じたデモクラシーが実効的なものとなる。さらにデモクラシーから立憲主義への積極的な影響として、少数派が民主的な政治的過程において異議申し立てをすることを通じて、権利保障がより拡充され、実効的なものとなるのである。

リベラル・デモクラシー

ここではリベラル・デモクラシーを、個人の基本的自由の擁護と両立するのみならず、むしろそれを目的とするデモクラシーのことと解しておこう。こんにち、たんにデモクラシーといえば、リベラル・デモクラシーのことを指す場合が多い。すでに見たようにリベラリズムには平等主義的な正義を重視する政治的立場という意味もある。しかしリベラル・デモクラシーというときのリベラルは、もっと広い意味であり、平等をそれほど重視しない古典的リベラリズムも含む。

現代のリベラル・デモクラシーの条件としては、ダールによる次のリストが代表的である。①議員や首長などの公職者の選挙による選出。②自由で公正な選挙の頻繁な実施。③表現の自由の存在。④政府から独立した多様な情報源の存在。⑤集団（政党や利益集団のような政治的結社）の独立的活動。⑥市民の包括的参加の実現（政治参加の機会が全市民に——たとえば男女の区別なく——保障されていること）。これらの条件を満たさない（市民の政治参加が保障されていない、政治的競争と選択の可能性がない、公権力に対する監視がないなど）政治体制は、形式上憲法や議会をもっていても、権威主義体制と呼ばれることが多い。

憲法上の権利の保障に加えて、リベラルな政治の実現がとくに要求された背景には、近代における次のような事情がある。第一に、「多数の暴政」の危険が認識されたことである。たとえばミルやトクヴィルは、多数派の意見が圧倒的となることで、個人の自由な思考や振る舞いが抑圧されることへの危機感をあらわにした。第二に、二十世紀の全体主義の経験である。西欧および北米のリベラルな諸国は、「リベラルでない」デモクラシーとしてのナチズム、ファシズム、共産主義との対決を余儀なくされた。デモクラシーと独裁の結合や、単一政党による民意の代表を否定し、複数政党による議会政治を擁護することがリベラル・デモクラシーの課題と考えられたのである。

二十世紀後半の政治学にとって、リベラル・デモクラシーを理解するモデルを提供したのは、第二章で見たシュンペーターのデモクラシー論であった。競争的な選挙を通じた政治指導者の選出にデモクラシーを限定するシュンペーターの理解は、実証的な政治学がリベラル・デモクラシーを分析する際の標準的な視点となったのである。

実際、統計学、経済学、ゲーム理論、社会的選択理論といった新しい方法を用いて、有権者、政党、利益集団といった政治的アクターの振る舞いを分析する政治学の研究は、多くの場合、それらのアクターが選挙という競争の場で合理的に自らの利益を追求する仕方に焦点を合わせている。たとえば、有権者の投票行動と政党の選挙戦略の関係を説明する「中位投票者定理」(政党は、「中位」の、すなわち極端でなく中庸な政策選好をもった有権者の票を獲得するために、中庸な政策を提示するようになり、結果的に政党間の差異は小さくなっていく)は、シュンペーター的なデモクラシー理解にもとづいたものと言える。こうした研究では、政党の役割が強調される反面、一般有権者の役割は、政党が提供する候補者や政策を選ぶだけの受動的なものに限定されがちであった。

この傾向が大衆デモクラシー批判と結びつくとき、リベラル・デモクラシーにおいて、一般の有権者は消極的であるほかはなく、それどころか消極的であるべきだという規範的な含意が生じる。シュンペーターは明示的に、有権者が選挙と選挙の間には積極的な政治参加を慎むという「民主的自制」を求めた。ダールはシュンペーターに比べれば、より包括的な政治参加と、より多様な集団間の多元的な競争を重視したと言える。しかしそのダールでさえも、一般の有権者(市民)の役割についてはかなり消極的な見方を受け継いでいたことが指摘されている(山本圭『現代民主主義』、二〇二一年)。デモクラシー論の「熟議的転回」においては、そのような見方全体が疑問に付されることになった。

第二節　デモクラシー論の熟議的転回

熟議という言葉

熟議は deliberation の訳語である。熟議という言葉は、二十世紀の後半の間ほとんど使われることがなかったが、二〇〇〇年代に入ってから復活した。その理由の一つが、政治理論における熟議デモクラシー論の隆盛にあることは間違いない。deliberation には、一人で理性を働かせてじっくり考える（熟慮）という意味と、他の人と理由を交換しながら話し合う（討議・審議）という意味がある。とくに普通の人びとが政治的争点をめぐって熟議することの意義を強調するデモクラシーの構想が熟議デモクラシーである。

熟議デモクラシー論は、一九八〇年代に、それまでのデモクラシー論に対する批判を通じて定式化された。新しく定式化されたデモクラシーの構想を熟議モデルと呼ぶのに対して、従来の構想は「投票モデル」、「利益モデル」、「集計モデル」などと呼ばれることになった。以下では熟議デモクラシー論による従来のモデルの批判の要点を示そう。

選好だけを重視してよいのか

従来のモデルでは、政治的意思形成・意思決定過程に入力されるのは有権者の「選好」、すなわち候補者や政党、あるいは政策についての好みである。このとき、各人の選好は政治過程にとって「所与」とみなされる。選好の中身や、その選好が形成されるに至った経緯や理由は問われない。選好に対するこうした態度は、誰のどんな選好でも等しく考慮するという意味で「民主的」ではある。しかし、所与の選好をそのまま集計することには次のような問題があると考えられる。

第一に、差別、偏見、無知、無関心、非合理性といった、有権者の好ましくない特徴にもとづいて形成された選好を排除できない。重要な政治的決定が差別や偏見にもとづいて、十分な知識もなしに、それどころか誤った知識や非合理的な思考を土台として下されるとしたら致命的である。

逆説的なことだが、政治的な無知や無関心は、集計モデルの枠組みでは「合理的」であることが知られている。大規模なデモクラシーでは、あなた一人が投票するか否か、あなたがどの候補者や政党に投票するかが、選挙の結果を左右する可能性はゼロに近い。はっきり言えば、あなたの一票に関係なく結果は決まる。そうだとすれば、わざわざ時間や労力を費やして政治的な知識を獲得し、賢い一票を投じることに合理性はない。棄権が最も合理的かもしれないのである。投票率の低下や政治参加全般の停滞といった現象はデモクラシーの存立にとって好ましくないという判断が広く共有される一方で、集計モデルはそれらを批判し克服する十分な資源を与えてくれないように見える。

第二に、選好の「理由」や、選好の「変容可能性」を無視している。ある選好がどのような理由に支えられているかは、政治的にどうでもよいことではない。私たちがいくらかでも合理的であるならば、できるだけよい理由にもとづいた選好を持ちたい、そしてそうしたよい理由にもとづいて政治的決定がなされてほしいと願うのは、当然のことであろう。そうであればこそ私たちは政治的な熟慮や討議を行い、選好を変えることがある。しかし従来のモデルはこのことも無視するように思われる。

こうした考慮にもとづき、熟議という積極的な政治参加を通じて、選好の背後にある理由を交換し合うことがデモクラシーにとって本質的だと主張されるようになる。言いかえると、デモクラシーは有権者が抱くありのままの「粗野な選好」にではなく、熟議を通じて形成される「洗練された選好」に応答すべきだという考えが生まれる。

多数決だけでよいのか

従来のモデルでは、各人の選好は投票ないし選挙というかたちで集計され、多数決で勝者となる候補者や政策が決められる。一言で言えば、多数決によって正統性のある決定が生み出される。しかし、多数決主義が無条件に支持できるものでないことは、社会的選択理論と呼ばれる新しい研究分野によって明らかにされた。

そもそも、なぜ多数決なのか。全員の意見を尊重するならば、なぜ全員一致を求めないのか。全員一致を求めない理由は、誰か一人でも反対者がいるならば何もしないことになると、現状が変更不可能になるからである。現状を変える公共的決定を事実上不可能にする決定方式は、現状に不満をもつ人びとに対してあまりに不公平に思える。

それでは、なぜ少数派の意見を採用してはいけないのか。それは平等に反するからである。票数の少ない側が勝利するとしたら、少数側の一票のほうがより重いと考えざるを得ない。すなわち一票の重みが異なっていることになる。それは、一人ひとりの意見を平等に取り扱うことと矛盾する。「少数決」はデモクラシーとは呼べない。

選択肢が二つしかないときに単純多数決が最も妥当な決定の仕方であることは直観的に明らかであるように思われる。この点は社会的選択理論でも疑問がない。問題は、選択肢が三つ以上あるときである。この場合には多数決にさまざまな問題があることを社会的選択理論は明らかにした。

なかでも重要なのは、「コンドルセのパラドックス」ないし「投票サイクル」と呼ばれる問題である。ここに三つの選択肢a、b、cがあり、それらについての三人の投票者の選好が次の通りだとする。

投票者1：a＞b＞c
投票者2：b＞c＞a
投票者3：c＞a＞b

このとき、選択肢を二つずつ組にして多数決を三回行うと、aとbではaが、aとcではcが、bとcではbが勝ち、その都度勝者が変わるので、最終的な勝者が決まらない（投票サイクル）。一回で決着をつけようとすると対戦順によって勝者が変わることになる。これは、対戦順を「操作」することで勝者も操作できることを意味する。ようするに、多数決では一つの安定した「多数派の意思」を導くことができない場合がある。

この問題に対して従来のデモクラシー論が示した解答は、シュンペーターに忠実に従って、「多数を占める普通の人びとによる自己支配」というデモクラシーの理想をあきらめることであった。ウィリアム・ライカーによれば、多数決によって、一貫した矛盾のない「人民の意思」

を明らかにすることはできない。そのようなものを求めれば、恣意的な仕方で勝ち残った多数派の専制を容認することにつながる。選挙は、政権担当者を半ば偶然的に交代させることで権力の集中や腐敗を防ぎ、個人の自由を守るための仕組みとのみ考えられるべきなのである（『ポピュリズムに抗するリベラリズム』、一九八八年）。これはリベラル・デモクラシーの機能についての非常に限定的な理解である。

これに対して、熟議デモクラシーの提唱者たちが注目したのは、熟議によって選好が洗練されることで、投票サイクルが起こりにくくなる可能性であった。熟議の結果全員一致が得られるならば、もちろん望ましい。しかし全員一致でなくとも、先ほどの例で、三人の選好が熟議後に次のように変わったとする。

投票者1：a＞b＞c
投票者2：b＞c＞a
投票者3：c＞b＞a

これならばbはcにもaにも勝つので、どの対戦順でもbが最終の勝者となり、サイクルは生じない。熟議にこのような変化を生じさせる傾向があるとすれば、熟議モデルは社会的選択理論による批判を生き延びることができるかもしれない。

要約すれば、熟議モデルの基本的な特徴は次のようになるだろう。第一に、熟議モデルは、意思形成・意思決定過程に入力されるのは選好よりも理由だと考える。第二に、各人の選好が熟議を通じて変化しうること（選好変容）を重視する。第三に、決定に先立って法や政策を正当化する理由の公共的検討（public reasoning）を求める。そして第四に、熟議によって媒介された多数派の意思が決定に民主的正統性を与えると考える。投票の前に公共的な熟議を行うことが重要なのである。

熟議の仕組み

熟議モデルにもとづいて、「ミニ・パブリックス」と総称されるさまざまな試みが世界中で行われている。ここでは三つだけに言及しよう。まず一つに、日本の市区町村でも、「市民討議会」やそれに相当するものが開催されている。これは有権者から抽出された小さな集団で熟議を行い、その結果を自治体に提案するというものである。あなたの住む町でもすでにやっている可能性があるのですぐ検索してほしい。

二つ目はもっと大がかりなもので、「討論型世論調査」（deliberative polling）と呼ばれる、アメリカの政治学者ジェイムズ・フィシュキン（一九四八―）が発明した新しい世論調査である。人びとが正確な情報と多様な観点を学び、他者と理由を交換する機会をもったならば、その後でどのような意見をもつようになるかを調査するのを目的とする。その手順を紹介しておこう。①まず無作為抽出で数千人の対象者を選び、特定の争点についてアンケート調査をする。その中から数日間にわたって行われる熟議への参加者（数百人規模）を募る。②熟議の準備として、参加者には争点に関する正確でバランスの取れた情報を提供する資料が送付される。③熟議の当日は、最初に熟議前のアンケート調査を行う。④参加者は少人数の分科会（十人から十五人程度）に分かれて討論し、争点に関する重要な質問を選び出す。⑤参加者全員が全体会に集まり、分科会から持ち寄った質問を複数の専門家や政策立案者からなるパネルに提起し、応答を得る。⑥全体会での応答を持ち帰って再び分科会で討論する。⑦分科会と全体会を複数回繰り返し、熟議を深める。⑧最後に、意見の変化を把握する熟議後のアンケート調査を行う。争点について意見の集約を図ったり投票を行ったりすることはない。⑨結果は公表される。

少人数の討論には、「モデレーター」と呼ばれる司会進行係が一人つく。モデレーターは特別の訓練を受けており、争点について自分の見解を述べること、参加者の合意形成を試みることは禁じられている。

日本では、二〇〇九年以来少なくとも七回の討論型世論調査（ＤＰ）が行われた。とくに二〇一二年には「エネルギー・環境の選択肢に関する討論型世論調査」が、全国規模で、政府主催で行われた。国の重要政策に関して熟議後の市民の意見を知ろうとする画期的なＤＰであったが、その後の民主党政権から自公連立政権への交代に伴い、このDPの結果は完全に無視されることになった。

とはいえ、DPないしそれに似たものが有効性をもたないと考えるのは早計である。フランスやイギリスを含むヨーロッパの国々では、二〇一九年以降の数年間に、「気候市民会議」と呼ばれる大規模な熟議の試みが行われている（三上直之『気候民主主義』、二〇二二年）。これが三つ目の例である。気候市民会議は、気候変動問題、とりわけ温室効果ガス排出規制をめぐって市民の見解を明らかにし、それらを政策に反映させるための会議である。フランスとイギリスでは、百名を超える参加者が二段階の抽選を通じて市民全体を偏りなく代表するように選ばれ、熟議はオンラインのものも含めて複数回行われた。DPの場合と違って、熟議の後で投票が行われ、その結果は百項目を超える提言を含む報告書として、議会や政府に提示された。議会や政府がこれらの提言をどれだけ受け入れたかについては議論の余地がある。しかし、市民の熟議の結果と政府の方針との食い違いが明らかになったこと、部分的にせよ熟議の結果を踏まえた立法が行われたことなどの、実質的な効果を認めることができると三上は結論づけている。

熟議の意義

こうした熟議の試みの意義を、次のようにまとめておきたい。第一に市民の理解の啓発である。偏見や無知、誤った情報が取り除かれることが期待される。したがって第二に、粗野な選好から洗練された選好への、市民の選好の変化も期待される。

そして第三に、市民の政治参加の促進である。政治的無関心の克服と参加意欲の増進が期待される。センのコミットメントの観念が、投票を含んでいたことを思い出してほしい（第七章第二節を参照）。投票は狭い意味での自己利益の観点からは合理的ではないかもしれない。しかし、熟議を通じてデモクラシーの存立（デモクラシーの存立は重要な公共財である）へのコミットメントという動機が形成されるならば、それは不合理ではなくなる。

第四に、合意またはコンセンサスの可能性である。全員一致の合意（agreement）に至らなくても、何が重要な争点であるか、選択肢をどのような基準で評価するかについてのコンセンサス（consensus）が得られるだけでも、重要な意味があることは、先ほど見たとおりである。のみならず、熟議を通じて不合意（disagreement）が顕在化することで、少数派がより尊重されることも期待される。合意の得られない争点が明らかになり、少数派にも異論の理由があることが確認されるからである。

第五に、正統性の獲得である。熟議を通じてハーバーマスの言う「コミュニケーション的権力」が生じ、政治的決定の正統性を確実なものにすることが期待できる（第三章第二節を参照）。

第六に、政治的決定の正しさの推定である。熟議の結果得られた判断は、適切な情報や理由にもとづくものであり、認識的に正しいものであることがより強く推定される。デモクラシーがこうした認識上の利点を持つことを強調する立場を「認識的デモクラシー論」と呼ぶ（第十一章第三節を参照）。

熟議デモクラシー批判

熟議デモクラシー論は、広範な論争を巻き起こし、公共哲学が現実政治に対してインパクトを持ちうることを示した。最後に、論争の中で熟議モデルに対して提起された批判のいくつかを確認しておきたい。ＤＰのようなかたちで熟議を実現させるための金銭的コストや技術的な障害などの問題はここでは脇に置き、熟議が実現した際に起こると予想される副作用や逆効果に論点を絞ろう。

第一に、熟議には逆効果があることが指摘されている。とくに、社会的に有利な地位の人びとによる熟議の支配と、「集団極化」（group polarization）と呼ばれる現象に触れておこう。

熟議において、男性、高学歴、専門職といった社会的に「有利な地位の人」と、社会的少数派の成員のように「不利な地位の人」が議論すると、しばしば不利な地位の人のほうが意見を変えることを余儀なくされる。意見を変えることが、当人の利益にかなっているとは到底思えないような場合でも、変えてしまうことがある。こうした場合には「普通の人びとの平等な政治参加」が促進されているのかどうか疑わしい。熟議が特定の人に有利に働かないようにする仕組み（たとえば、不利な立場にある少数者のための特別な代表者を選出する仕組みや、少数者だけの熟議の場）を用意する必要があるかもしれない。

他方では、ある争点に関して一定の意見や選好を持ったグループが集団内で熟議をすると、熟議の結果、グループ内の意見が「より極端な方向」に走ってしまう傾向が観察されている。たとえばアメリカ合衆国で銃規制に対する反対派の集団が熟議をすると、熟議後に彼らはより極端で強固な反対派になる見込みがある。賛成派も同様である。すると、熟議の結果として、社会全体での対立は緩和するどころか激化することになってしまう。ただし、熟議デモクラシーの擁護者は、ＤＰのような注意深く設計された環境では集団極化は起こっていないと主張しており、立場は分かれている。

第二に、熟議と従来の代表制デモクラシーの制度との間の競合関係が挙げられる。市民の熟議の結果は、立法府の多数派の意見や、行政府の方針とは食い違うかもしれない。とりわけ、抽選によって選ばれた会議の見解と、選挙によって選ばれた議会の見解が対立するとき、どちらの見解が市民全体を適切に「代表」するのかは難しい問題である。票の数で勝ったのではなく、たんに偶然抽選に当たっただけの普通の人びとの決定に正統性を認めることはできないという意見を、無視するわけにはいかないだろう。

しかしながら、これに対しては、熟議が部分的に導入されるかぎり、代表制を脅かすと考える必要はないと指摘したい。選挙の前に十分な熟議を行う機会が保障されたとしよう。その場合、熟議の後の選挙で選ばれた代表は、（粗野ではなく）洗練された民意を反映したものと考えられる。したがってその議会や政府の正統性は、むしろ高まるであろう。この観点からは、代表制を補完するものとして熟議の仕組みを位置づけることが可能である。

第三に、理性的な熟議の過剰な重視が懸念されている。理性だけが重視され、不正に対する憤りや、政治参加を支える団結心など、政治における情念の役割が無視されていないか。熟議デモクラシー論が、著しく理性中心主義的な、あるいは啓蒙主義的な偏りをもつことは否めない。その意味で、こうした批判には一理ある。熟議の取り組みは、デモクラシーの多様な側面を熟議だけに切り詰めようとするものと考えられるべきではないだろう。熟議という側面がこれまで軽視されてきたという現状を踏まえて、その側面を強調するものとして受け止められるべきである。

最後に、熟議による政治的統治の強化という危険もあると考えられる。熟議の結果には異議申し立てができなくならないか。市民が参加した熟議の結果と一致しているからと言われることで、政治的決定が絶対的な権威をもつかのように受け止められるおそれはたしかにある。熟議が実際には社会的地位の高い人物によって支配される場合には、熟議が少数派や反対派の異論を抑え込む「統制」に終わる危険はますます高くなるだろう。熟議がこうした両義的な性格をもつことは、おそらく否定できない。正統化された統治としての政治に対して、統治そのものに対する異議申し立てとしての政治の意義を重視する立場からすれば、熟議による統治も異議申し立てを免れないことになるだろう。

本章で見た熟議的転回の後、デモクラシーをめぐる公共哲学の論争はますます活況を呈している。この状況は、リベラル・デモクラシーが定着し、その是非はもはや政治的争点ではなくなったかに見えた社会でも、リベラル・デモクラシーに対する根本的な懐疑を生じさせた現実政治の展開に対応している。次章ではそうした最新の展開を追うことにする。

第十一章 デモクラシーの公共哲学 II

第一節 ポピュリズムの台頭

「リベラルではない」デモクラシー

前章では、現代のデモクラシーの特徴を明らかにしたうえで、集計モデルから熟議モデルへの「転回」の経緯を辿り、その意義を明らかにした。本章では、ヤシャ・モンクをはじめ近年多くの論者が指摘するリベラル・デモクラシーの崩壊傾向をまずは「リベラルではないデモクラシー」(illiberal democracy)の台頭に即してとらえよう(『人民vs.デモクラシー』、二〇一八年)。今世紀に入る頃から、ポピュリズムそして権威主義によるリベラル・デモクラシーへの挑戦が顕著になってきた（実際、エコノミスト・インテリジェンス・ユニットの「民主主義指数」によれば民主国家に分類される国家の数は減少傾向にある）。次いで、デモクラシーを自明なものとみなす、私たちも馴染んでいる見解を相対化する議論を「エピストクラシー」および「ロトクラシー」の構想に言及しながら紹介したい。

ポピュリズムの特徴

ヨーロッパでも一九八〇年代からポピュリズムの傾向が眼を引くようになったが、今世紀に入ってからその傾向は一段と顕著になった。とりわけ人びとを印象づけたのは、二〇一六年のブレグジット（EUからの離脱を決めたイギリスの国民投票）とドナルド・トランプのアメリカ合衆国大統領当選だった。いずれも、数カ月前まではこの結果を予想した人は多くはなかった。今世紀のポピュリスト政治家として挙げられるのは、ほかに、M・ルペン国民連合党首（フランス）、R・T・エルドアン大統領（トルコ）、V・オルバーン首相（ハンガリー）、N・モディ首相（インド）、J・ボルソナーロ前大統領（ブラジル）、H・チャベス元大統領（ベネズエラ）などである。日本では国政レヴェルでは明確なポピュリズムの現象は今のところ観察されていない。

ポピュリズムについては以下のような特徴が指摘されている。

（一）反エリート主義：既得権益層（エスタブリッシュメント）を打破し、一般民衆の利益に訴える。
（二）排外主義：移民や難民の受け入れを拒否し、特権を与えられてきたと目される少数者にも厳しく対処する。
（三）反代表性：政党や議会、主流メディアによる媒介を回避し、一般民衆の直接的な支持を動員する。いわゆる「中抜き」の政治である。
（四）立憲主義の軽視：その時々の政治権力に対する憲法による制約を軽視し、さらには憲法を自らに有利になるよう改定する。
（五）反多元主義：「本当の」人民を「われわれ」だけが排他的に代表することができる、「われわれ」以外の勢力は人民を代表していない、と主張する。

ヤン＝ヴェルナー・ミュラー（一九七〇―　）によれば、反多元主義こそ、ポピュリズムの本質的な特徴である。反対派に正統な発言権を認めようとしない以上、ポピュリズムは、さまざまな価値観や利害関心の多元性を重視するリベラル・デモクラシーとは相容れない（『ポピュリズムとは何か』、二〇一六年）。というよりもむしろ、リベラリズムのみならずデモクラシーに

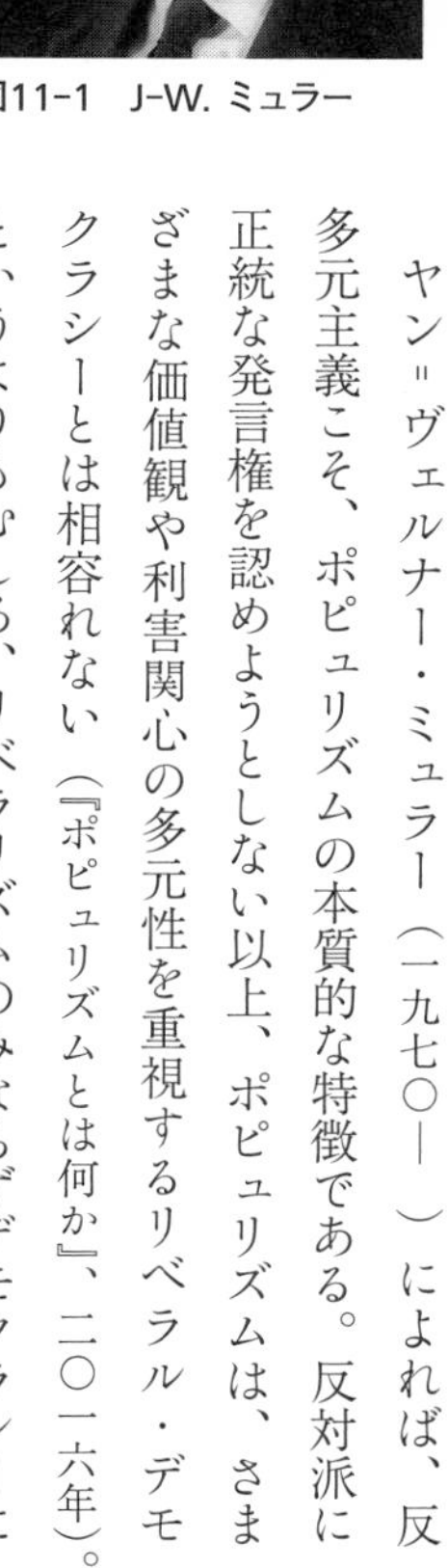
図11-1　J-W. ミュラー

とっての脅威でもある。争点をめぐって対立する者との論争を通じて学習し、自らの政策を修正する民主的な政治は、相手を「にせ者」と決めつけて叩くだけのポピュリズムには期待できない。

もちろん、たとえばシャンタル・ムフのように、デモクラシーを活性化する要素をポピュリズムに見ることも不可能というわけではない（『左派ポピュリズムのために』、二〇一八年）。既存の代表システムのなかに有効な代表の回路を見いだしがたかった社会層にポピュリズムが「声」を与え、ある幅に制約され、惰性的ともなった対抗軸を揺り動かす面がないわけではない。

ポピュリズムの政権は、実際、反多元主義の傾向が色濃くなると「権威主義」(authoritarianism)と呼ばれる体制に接近していく。「権威主義」も曖昧な用語だが、リベラル・デモクラシーではない体制を指す言葉として頻繁に用いられている。お飾りの憲法や為政者を選出する制度はあるものの、政権交代が実質的にない体制として理解していいだろう。政権交代が生じにくいのは、有力な野党や独立したメディアなど政権に対抗する力が殺がれているためである。

今世紀に入ってなぜポピュリズムが市民からの支持を得て、その勢力を保っているかについては、いくつかの説明がなされている。第一に、第八章で見たように先進国の中間層（中の中、中の下）の所得がこの数十年低迷しており、とりわけこの層が抱く現状への不満や将来への不安が、現状に「否」を突きつける政治家へのいわば闇雲な期待をもたらしている。第二に、かつて占めていた地位をなんとか回復したいとの願望がかき立てられ、その裏面で、鬱積した否定的感情を投げつけやすい「標的」――既得権益層のみならず抵抗力が弱いと目される移民や少数者――が用意される。第三に、政党の分布において中道を占める勢力がかつてにくらべ薄くなり、現状からの変化を標榜する左右両極の勢力に引き寄せられる傾向を助長している。いずれにしても、この数十年におけるポピュリズムの台頭は、経済的・社会的格差の拡大を背景としており、その拡大には一九八〇年代以降の各国でネオリベラリズムの要素が色濃い政策が展開されたことが深く関わっていることは確かである。

ポピュリズムの台頭は、その方向はどうあれ、現状からの変化を訴えることそれ自体が、さまざまな不満や諸々の異質な要求の間に連鎖をつくることを通じて一時的には「民意」の動員に成功することを示している。エルネスト・ラクラウが論じるように、変化の具体的方向が明確になるとその連鎖は解かれていくが、再びまた、何らかの抽象的な言葉の提示――例の Make America Great Again という内容空疎な言葉を思い出してほしい――によって、異質な諸要求の間に連鎖がつくられていく（『ポピュリズムの理性について』、二〇〇五年）。社会に広範な不満や不安が存在するかぎり、このような連鎖の構築と解消の繰り返しは避けられないだろう。

構築主義的な代表論

ポピュリズムの台頭は、代表される者が代表する者を選ぶのではなく、逆に、代表する者が代表される者を能動的に構築するという構築主義（constructivism）的な代表論——その代表的な理論家の一人がマイケル・サワードである——の一つの例証と見ることができる（『代表するという主張』、二〇一〇年）。

代表の標準的な理解は、代表されるもの、つまり代表される人びととその利益、意見、価値志向などが代表過程に先行して存在している、というものである。代表される者（本人）がまず存在し、それが代表する者（代理人）によって代表される、という理解である。「民意」の反映というよく用いられる言葉がこの理解（いわゆる「本人‐代理人モデル」）を表している。このモデルでは、民主的正統性は、代表する者が代表される者（の意思）に応答していることに求められる。

構築主義的な代表論は、対照的に、「民意」は代表する者によってつくりだされると主張する。サワードは、「代表するという主張」（representative claim）という議論によって、実際の代表過程は本人‐代理人モデルほど単純化なものではないことを明らかにしている。彼によれば、代表過程は、たとえば、地球環境の悪化を憂慮する人びとが、温暖化による影響とそれを被りうる者を客体（代表されるものの表象）として、温暖化の阻止という目的を聴衆である全世界の市民に向けて訴えるグレタ・トゥーンベリを主体（代表するもの）として提示する、といったより複雑な構造をもっている。

代表の過程とは、数多い「代表するという主張」のなかから聴衆が特定の主張を受容したり、拒絶ないしは無視する過程である。「代表するという主張」は選挙に際してのみ提起されるのではなく、一般には不特定多数の聴衆を名宛人として日々の政治過程において持続的になされている。理にかなっていると見られる状況――強制や操作がなく、主張の是非が検討され、必要に応じてその主張に異論を提起する機会が存在する状況――において、聴衆が何らかの主張を受容するときに民主的正統性は成り立つ。

構築主義的な代表論は、「民意」を反映されるべき所与としてではなく、「代表するという主張」の提起によって構築されるものとしてとらえ直すことによって、代表過程の動態をより正確に描いているように思われる。

第二節 「正しい」帰結を求める政治

「正統性」と「正しさ」

「リベラルではないデモクラシー」への傾向をポピュリズムに即して見たが、今度は、「民主的ではないリベラリズム」(undemocratic liberalism) への傾向を取り上げよう。ヤシャ・モンクがその具体例として挙げるのはEU官僚による政策決定であるが、デモクラシーの理論にも政治的平等を妥協を許さない前提とはみなさない議論がでてきている。

デモクラシーにおいて、市民は一般に、何らかの政治的決定が間違っていると感じながらも、その決定にもとづく法や政策に従っている。このことを理解するためには、「正統性」(legitimacy) と「正しさ」(correctness) とを区別することが重要である (legitimacy に「正当性」という言葉を当てると両者の区別が曖昧になる)。多数決に敗れた少数派は、決定を導いた政治的手続きが公正なものであるかぎり (異論を封じたり、端(はな)から数で押し切ったりしないかぎり)、その決定の正統性を承認すべきではある。というのも、ジェレミー・ウォルドロンが強調するように、単純多数決という決定手続きは市民が相互を「平等な者」として尊重するルールだからである (『立法の尊厳』、一九九九年)。

しかし、市民は「正統性」を承認するとしても、決定内容の「正しさ」を承認するには及ばない。民主的な手続きは異論を封じ込めるためにあるのではなく、多数決に敗れた者がその同じ手続きにしたがって――多数派を形成することを通じて――明日の勝者となりうることを保証しているからである。とはいえ、手続きが公正なものであり、それが決定に正統性を与えるとしても、その内容が著しく誤っていることが判明すれば、市民はその正統性にも疑いをもたざるをえなくなるだろう。そこで、政治手続きが「正しい」決定内容を導くことが重要であると考える二つの立場、すなわち「エピストクラシー」と「ロトクラシー」の構想を取り上げよう。

エピストクラシーの構想

意思決定の「正しさ」を重視する議論として「エピストクラシー」（epistocracy：知者による支配）がある。これは、政治的リテラシーの点で有能な者がより多くの発言権をもつ体制を支持する議論である。プラトンによる「哲人王」の構想やJ・S・ミルによる「複数投票制」の構想はエピストクラシーの古典的な例である（ミルは労働者への参政権の拡張を見越して、労働者による階級立法に対抗すべく大学を卒業した知的エリートに複数の投票権を与える選挙制度を擁護した）。現代では『アゲインスト・デモクラシー』（二〇一六年）の著者ジェイソン・ブレナンが、認識的に見て正しい意思決定を導くためには、無知や固定したバイアスなど政治的リテラシーの点で問題のある者を有権者から排除すべきであるとのかなり論争的な主張を提起している。この種のエピストクラシーの構想は、正しい帰結を導く見込みを高めるためには「一人一票」という私たちも馴れ親しんだ政治的平等を犠牲にすることを厭わない。「デモクラシーはハンマー以上の何かではない。もし、より良いハンマーを見つけられるなら、私たちはそれを使うべきである」。

つまり、エピストクラシーを擁護する論者は、政治的平等という価値よりも意思決定内容の正しさという価値が優先されるべきと考える。たとえば、現在の多数意思が豊かさと快適さを重視して気候変動に背を向ける候補者を選ぶなら、地球環境に取り返しのつかない深刻なダメージが加えられることになるといった事態を考えるなら、デモクラシーを自明の政治的手続きとはみなさない議論にも理にかなったところがある。

意思決定を導く政治的手続きのもつ価値について考察する前に、やはり近年活発になってきている「ロトクラシー」をめぐる議論も取り上げておきたい。これは、認識的に見て多様な観点をできるだけ包摂することが、より正しい決定を導くと考える構想の一つである。

ロトクラシーの構想

ロトクラシーとは、代表者を選挙（だけ）ではなく、くじ（lottery）によって選出することを擁護する議論である。周知のように、古代ギリシアでは、公職者の多くがくじで選ばれており、（将軍などの）選挙による選出はデモクラシーというよりもアリストクラシー（貴族制）に親和的な制度であった。ベルナール・マナンによれば、デモクラシーと選挙が結びつくようになったのは、代表制が確立された近代以降のことである（『代表制統治の原理』、一九九七年）。

この議論の背景にあるのは、一つには、選挙により選出される代表者がある特定の社会層に偏ってしまい、市民の多様な観点を代表することができていないという現状認識である。二世、三世の政治家が多いという日本の事情もこのことを裏書きしている（親や親族から引き継いだ「ジバン」・「カンバン」・「カバン」が揃っていないと有力な候補者になりにくいと言われる）。選挙とは違い、くじ引きには「金の力」や「数の力」は作用しないし、知名度（カンバン）も無意味である。もう一つの背景として挙げられるのは、国民投票を除く通常の選挙は「政策」というよりも「人」を選ぶものであり、しかも、選挙によって選ばれた「人」は、気候変動など「票になりにくい」テーマには本腰を入れて取り組まないという事態への批判である。

ロトクラシーの構想は、先に見たエピストクラシーの構想とは違い、選出の段階では政治的平等という価値を損なうことはない。くじの対象は市民全員であり、代表者となる平等な機会が保障されるからである。前章で取り上げた「討論型世論調査」などのミニ・パブリックスでも、ランダム抽出ないしは層化抽出（参加者が特定の属性や価値観に偏らず社会の縮図となるように抽出する）というくじ引きの手法が用いられることがあるが、それによって選出されるのはあくまでもインフォーマルな熟議体への参加者にとどまる。ロトクラシーの場合には、くじで選出される代表者は議会を構成するメンバーであることが想定されている（決定や勧告の権限を備えるミニ・パブリックスもロトクラシーの一形態とみなされる場合がある）。

くじで選ばれた政治の素人にそのまま政策形成・決定を委ねるならば、たしかに複雑な社会において認識的に見て「正しい」決定内容が得られる見込みは薄くなる。そこで、たとえばアレクサンダー・ゲレーロが示す構想によれば、くじで選ばれた代表者（各政策分野三百人）には一定の任期（三年間）が与えられる（「選挙に対抗する」、二〇一四年）。彼らは、まず特定の政策分野（医療、農業、社会保障など）について専門家からのレクチャーなどを通じて学習を重ね、メンバー間での、またコミュニティの一般市民との間での熟議を経て、政策形成に携わる（最後には法案を準備、提出し、審議を経て、意思決定に臨む）。

ゲレーロ自身の案はくじで選ばれた代表者のみによって議会を構成しようとするものだが、民主的正統性の確保や政党の果たす役割を考慮して「選挙」代表と「くじ」代表を組み合わせるいくつかの構想も示されている（たとえば第一院を選挙院、第二院をくじ院とする、あるいは第一院の一定議席をくじで選出された議員に割り当てる、など）。

ロトクラシーの問題は、十分な学習と熟議が導く政策内容に関して合理性（正しい解を得る見込み）が望めるとしても、また、一般の有権者との対話の機会がある程度は確保されるとしても、少数の市民に意思形成・決定を委ねることがはたして望ましいのかという点にある。言いかえれば、ロトクラシーのもとでは、くじによる代表者とくじにもれた圧倒的多数の市民との間に深いギャップが生まれ、一般の市民が政治的争点への関心をますます失い、意見－意思形成に関与する動機づけをもたなくなるのではないか、という危惧である。

代表者と非代表者との間のギャップ（政治的影響力の行使の機会における格差）は、実は選挙による代表制の場合にも生じており、このギャップがどのような条件のもとで、またどのような理由にもとづいて正当化されうるのかが、あらためて問われている。

第三節　デモクラシーの擁護

政治的手続きの価値

政治的手続きのもつ価値は「道具的価値」と「非道具的価値」に大別される。「道具的価値」とは、何らかの目的の実現に因果的に資する価値であり、なかでも重視されるのが、(手続きから独立した基準に照らして) 正しい決定内容を導く傾向があるという「認識的価値」(epistemic value) である。先に触れた「エピストクラシー」はもっぱらこの認識的価値にもとづいて正当化される。他の道具的価値としては、手続きが市民の知性や徳性の涵養をもたらすという「教育的価値」などがある (J・S・ミルやデューイにおける「公共精神」・「知性」の涵養など)。

他方、「非道具的価値」は手続きそれ自体が尊重する価値であり、そうした価値としては政治的平等や自己決定などが挙げられる。デモクラシーは政治的平等を非道具的価値として擁護する手続きである。ちなみに「市民人文主義」(civic humanism) は、政治的生活を生きることそれ自体に非道具的価値があるとする立場であり、アーレントの議論はこの立場に近い。

非道具的価値と道具的価値との間には緊張関係がある。たとえば、政治的平等という価値を認識的価値に優先させることが繰り返し誤った決定をもたらしたり、あるいは取り返しのつかない重大な誤りを導くとしたら、政治的平等をいかなる場合にも損なわれてはならない、妥協を拒む価値とみなす議論には疑問がもたれるだろう。ある種の状況においては、政治的平等をある程度損なっても正しい意思決定を導く見込みの高い手続きをとることが擁護される場合があるかもしれない(ロールズも『正義論』でこのような非理想的な状況がありうると想定している)。とはいえ、デモクラシーから離れることは私たちにとってかなり反直観的であり、認識的価値こそが政治的手続きにおいて優先されるべき価値であるとする立場に対するデモクラシー擁護の側からの反論も見ておきたい。

なぜデモクラシーか?

民主的な手続きを擁護する理由としては、まず、すべての市民が互いを「平等な者」として尊重することに妥協があってはならない、それ以外の手続きは、たとえ一時的にせよ、制度上一部の市民を公的に劣位の者として扱うことになるという理由が挙げられるだろう。第二に、価値観が多元化している社会においては、手続きから独立した「正しさ」の基準を特定するのはそもそも困難だからという理由がある。第三に、とりわけ不確実性の高い争点について言えば、意思形成・決定に際してより大きな発言権をもつべき「知者」を争いなく特定するのは困難であるからという理由、そして最後に、積極的な理由として、さまざまな観点を包摂することができる民主的な手続きのほうが、認識的に見てもより正しい決定を導く、あるいは重大な誤り──デイヴィッド・エストランドはそれを「基本悪」（primary bads）と表現する──を避けることができる見込みが高いからという理由が考えられる。デューイがリップマンの提案する「インサイダー」による統治を批判したのは、この理由からであった。

これらの理由に対してはエピストクラシー擁護の側から反論──たとえば、市民の意見は多様であるというよりも、各集団のバイアスに沿って分かれている──も提起されているが、両者の議論は同じような非理想的状況で比較検討されるべきだろう。そうした非理想的状況においては、知者による独裁化の傾向──いったんデモクラシーから離れた場合に民主的な手続きに戻ることが妨げられる傾向──や、知者による統治が「認知的多様性」を失い、誤った意思決定を修正する可能性が薄れるおそれがある。理論的には政治的平等からいったん離れることが正当化される余地があることを認めるとしても、民主的な手続きを維持しながら市民の認識的能力を高める途、つまり政治的平等という非道具的価値を尊重しながら同時に認識的価値を高める途を展望するほうが望ましいように思われる。

政治的平等という価値と「正しい」結論を導くという価値とを両立させようとする立場は、「認識的デモクラシー」（epistemic democracy）と呼ばれる。民主的な手続きは、認知的多様性を活かすことができる点で、実は、エピストクラシーよりも、「正しい」結論を導く蓋然性をそなえているというのがこの立場の主張である。「多様性は能力に勝る」(Diversity Trumps Ability) という見方——これはルー・ホンとスコット・ペイジによって「定理」として示された——は、意思形成に関与する人の数が多く、より豊かな多様性が得られるデモクラシーにおいてこそ説得力を増す、と考えられるのである。

「認識的デモクラシー」の議論の成否は、現実には、社会に多様な意見(意見形成)が存在するかどうか、その意見が、ブレナンの指摘するような集団的なバイアス(集団思考 group think)を免れているかどうかにかかっている。

デモクラシーが基本的に「いま・ここ」の多数意思を反映する政治的手続きであることの難点も踏まえて、デモクラシーを更新するいくつかの展望を示したい。

(一) シティズンシップ教育(政治教育)を中等教育のみならず初等教育の段階から教育課程に組み入れて政治的リテラシーを高める。

(二) 政治的争点(公共的な事柄)のさまざまなトピックについて、対面か否かを問わず、日常的に情報交換・意見交換が行われる「語り合い」の場を設ける(ただし、デジタル化したコミュニケーションには第一章第一節で指摘した問題もある)。ミニ・パブリックスへの参加、あるいはミニ・パブリックスの参加者と市民との対話の機会を拡げる。参加者に日当を払って国政選挙に先立つコミュニティでの熟議への参加を促すフォーマルな制度――ブルース・アッカマンとJ・フィシュキン発案の「熟議の日」（Deliberation Day）――の導入も考えられる（『熟議の日』、二〇〇五年）。

（三）その時々の多数意思を相対化する仕組みを制度化する。たとえば、将来世代に関わる争点についてこの世代を仮設的に代表する役割を議会やミニ・パブリックスの一部に求める。また、その意見が受けとめられにくいさまざまな少数者の意見を代表する仕組みを政治過程に組み入れる（少数者に一定の議席を割り当てる制度には難点があるとしても、特別なアカウンタビリティ、すなわち説明責任を要求する仕組みは考えられる）。

（四）専門家（集団）に各種の政策に対して勧告する権限を与え、それに応答することを政策形成者に義務づける。勧告として示される専門的知見は、専門知と日常知を媒介することにも資する。

「合理的無知」（rational ignorance）の議論が主張するように、政治的リテラシーの向上のために相応のコストをかけることを市民に求めるのは非合理的と思われるかもしれない。たしかに、そのコストを引き受けようとしない市民が一定の割合で存在しつづけることは避けられない。しかし、そうした市民を有権者名簿から除く（ブレナンの案の一つ）よりも、政治的リテラシーについて全体の底上げと向上をはかることを通じて能動的な市民の層を拡げていくことが、少なくとも誤った意思決定を避けるためには有効であるように思われる。

これまでデモクラシーを擁護することはいわば自明の前提であった。デモクラシーのもつ価値は疑いないという前提のうえで、「どのようなデモクラシーか」が論じられてきた。本章で取り上げたエピストクラシーやロトクラシーの構想は、デモクラシー、とくに選挙デモクラシーを当たり前のものとみなすことに慣れてきた私たちに、そもそも「なぜデモクラシーか」という問いを突きつけている。

私たちは政治的平等を歴史的に闘い取られた貴重な価値として尊重する一方で、現在の多数意思が明らかに誤った政策を導くことを避けようともしている。政治的決定を導く手続きがもつ諸々の価値のなかで、どの価値をどのような状況のもとで優先すべきかを考えることが公共哲学にとって重要な課題となっている。

第十二章
フェミニズムの公共哲学

第一節　公共哲学としてのフェミニズム

フェミニズムとは何か

フェミニズムこそ、公共的な争点に関する哲学的考察の意義を最も明らかに示すものだと言える。すなわち、数多くの公共的争点に関して、新しい概念や構想を提起し、既存の概念の解釈に異議を唱え、論争を巻き起こし、結果として激しい毀誉褒貶（きよほうへん）を受けているのがフェミニズムである。

フェミニズムは、哲学や政治学に限らず、心理学、社会学、法学、教育学、歴史学、人類学、文学などの多くの分野で展開された多種多様な研究や、そうした研究にもとづく実践的提言や主張の動向を総称したものであって、何か一つの学説や、一つの政治的主張に還元できるわけではない。とはいえ、フェミニズムが女性の権利や福祉を主要な問題として取り上げる限り、フェミニズムに公共哲学としての側面があるのは間違いない。伝統的には公共哲学において女性の権利や福祉が真剣に論じられることはなかった。言いかえると、公共哲学の主要概念に対して、新たな角度からの解釈や分析を可能にしてくれたのがフェミニズムなのである。

こうした解釈や分析においてとくに重要なものとして、「ジェンダー」、「家父長制」、そして「ケア」の概念を挙げることに、それほど異論はないと思われる。本章ではこれら三つの概念に絞ってフェミニズムの主張を紹介する。

フェミニズムと功利主義、リベラリズム、リバタリアニズム

その前に、本書でこれまでに論じてきた事柄とフェミニズムの関係を簡単にまとめておこう。十九世紀から二十世紀前半の第一波フェミニズムは、男女の政治的・法的地位の平等化の実現をもたらした。たとえば、女性の参政権、財産権、教育を受ける権利、職業に就く権利が認められたのである。これらの主張は、功利主義的な根拠（女性の権利を認めることは女性および社会全

体の福利を増進する）から行われることも、リベラルな権利論（女性も市民として平等な自由への権利をもつ）を根拠に行われることもあった。なかでも有名なのは、J・S・ミルによる功利主義的リベラリズムの立場からの女性の権利の擁護である。ミルは女性の参政権の最も早い擁護者の一人である。

こんにちでも、一般に功利主義者やリベラルは、男女の関係をいっそう平等化すべきとの主張に好意的なことが多い。これに対してリバタリアンは、狭い意味での権利に関してしか平等を重視せず、政府の役割を最小化するので、積極的な平等化の政策をどこまで支持するかは微妙である。たとえば、後に見るケアの倫理の立場を取るフェミニズムと、ノージックやハイエクのリバタリアニズムの間に接点を見いだすことは容易でない。

ただし、功利主義やリベラリズムに対してフェミニズムが批判をもっていないわけではない。とくにリベラリズムに対して、ケアの倫理を重んじるフェミニストは厳しい批判を展開している。

フェミニズムと平等

事実として、男女の間には重大な不平等ないし格差が残っている。現代日本の例をいくつか挙げよう。

まず経済的な格差が挙げられる。たとえば賃金の格差がある。女性の平均賃金は男性の七〇％台にとどまる。二〇二一年の統計では七五・二％である。貧困に関しても格差がある。女性の貧困率のほうが男性よりも高い。とくに母子世帯、単身高齢女性、離別女性の貧困率が高い。二〇一八年の調査によると、母子世帯の平均収入はおよそ三百万円で、父子世帯、ふたり親世帯の半分以下しかない。母子世帯の貧困率（可処分所得が貧困線未満）は五一・四％、いわゆるディープ・プアの率（可処分所得が貧困線の五〇％未満）は一三・三％で、いずれもふたり親世帯や父子世帯より大幅に高い。

政治的な格差も重要である。政治家（議員）の数の不平等を見よう。二〇二三年の時点で、女性の衆議院議員は約一〇％しかいない。参議院では約二六％、朝日新聞によれば地方議会では一六％ほどである。これらの数字は国際的に見るときわめて低い。

国際的に見た日本の男女格差は際立っている。世界経済フォーラムが毎年発表しているジェンダー・ギャップ指数によると、二〇二三年の日本の総合スコアは一点満点で〇・六四七、順位は百四十六カ国中百二十五位である。この数字は先進国の中で最低レヴェルであり、アジア諸国の中でも韓国や中国、ＡＳＥＡＮ諸国より低い結果にとどまっている。とりわけ、政治分野や経済分野で指導的な役割にいる女性の数が圧倒的に少ないことがこの低い順位の原因となっている。

新型コロナ禍の影響の点でも、男女格差が指摘されている。二〇二〇年からのパンデミックによって男女ともに大きな影響を被ったが、とくに非正規雇用の女性、シングルマザーなどへの負の影響が大きかったとされている。

こうした不平等について公共哲学はどう考えるだろうか。運の平等主義、関係論的平等主義のいずれの観点からしても、女性というだけで男性の市民よりも不利な境遇に置かれがちであることは問題がある。ロールズの正義の原理の観点から見ると、公正な機会の平等原理、格差原理について、不正義が存在する見込みが高い。教育を受ける機会、伝統的に男性のものとされてきた職業につく機会において、女性は不平等に扱われている（たとえば、医学部の入試における女性差別は記憶に新しい）。貧困に関する数字を見れば、社会において最も不利な人びとの中には女性が多く含まれると見られる。さらに、ケイパビリティ・アプローチの観点からすると、女性が主観的に満足しているかとは別に、女性のケイパビリティ（たとえば、教育、就労、政治参加などの機会）が制限されていることには問題がある。

デモクラシーの観点から見ても、男女の不平等は深刻な問題である。上に見た女性の政治家の数の少なさが、女性の経済的・社会的地位の低さの反映であることが、容易に推察される。ロールズが懸念したとおり、政治権力は経済的・社会的な強者（この場合には男性）の手に集中する傾向があると思われる。こうした不平等な条件の下で選出された、女性が圧倒的に少ない議会では、かりにそこで熟議が行われたとしても、女性議員の立場は不利になることが予想される。男性ばかりの会議の場で女性の発言が軽んじられることは少なくない。

フェミニズムと社会保障

実際、女性の意見や利益が真剣に考慮されてこなかった政策領域として、社会保障が挙げられる。男性の正規雇用者を標準とした社会保障体制（従来型の福祉国家）では、雇用がないか、あっても非正規の女性、未婚や離別した女性の生活保障は周辺化されてきた。日本の場合、二〇二二年の男女共同参画白書によると、十五歳から六十四歳までの女性の就業率は約七一％にとどまる。しかもこれら女性労働者のうち、非正規雇用の労働者が占める割合は約五四％である（男性労働者に占める非正規雇用の割合は約二二％）。他方、後に見るように家事・育児・介護のために働く時間は、女性のほうが圧倒的に長い。

よく知られているように、「日本型福祉社会」においては、結婚した女性は、夫に依存するかたちで社会保障を受け取る反面、家庭内での家事労働、ケア労働をほぼ全面的に引き受けることが期待された。「配偶者特別控除」や「第三号被保険者」のような制度（いずれも、「専業主婦」を優遇し、女性を家庭へと誘導するものであった）によって、政府が意図的に男女格差を保全ないし強化したのである。フェミニズムの観点からすれば、こうした政策には根本的な問題があったことになる。

ようするに、第一波フェミニズムの成果にもかかわらず、男女の関係にはさまざまな不平等や格差が残っているのが現状である。それらを解消するにはどうすればよいのか。一九六〇年代後半から展開された第二波以降のフェミニズムによれば、これらの問いに答える助けとなるのが、ジェンダー、家父長制、ケアといった概念なのである。

第二節　ジェンダーの概念

ジェンダーとは何か

ここでは、ジェンダー概念をめぐる多くの論争の詳細に立ち入ることはできない。さしあたり、生物学的な性別（セックス）とも、性的指向性の違い（セクシュアリティ）とも区別される、社会的・文化的な性差ないし性別のことであるとしておきたい。いわゆる「男らしさ」「女らしさ」と呼んでもよい。世の中には「女らしい服装」とか「男らしい職業」というものが存在する。たとえば、制服のある学校では、男子はパンツを、女子はスカートを身に着けることになっているのは、ジェンダーの区別の一例である。男女ともに好きな制服を選べる学校は「ジェンダーインクルーシヴ」な制服を採用したことになる。外科医には男性が多く、看護師には女性が多いことも、ジェンダーの違いである。これらの職業は「ジェンダー化」されている。

ジェンダー概念をめぐる論争に一つだけ触れよう。ジェンダーの違いが、社会的・文化的に構築された、それゆえ多様で可変的なものであると考えるか、それとも普遍的・不変的な本質をもつと考えるかは、争いがある。前者の立場を構築主義(constructionism/constructivism)、後者を本質主義(essentialism)と呼ぶ。以下では基本的に構築主義的なフェミニズムの立場を紹介するが、本質主義的なフェミニスト(たとえば女性の本質は母親になることにあるとする母性フェミニスト)がいないわけではない。

ジェンダーとセックス

本質主義者の中には、ジェンダーというかたちをとった男女の違いは、格差や不平等も含めて、生物学的なセックスという「自然の違い」によってすべて説明され、正当化されることが可能だと考える人もいる(生物学的本質主義)。たとえば女性は妊娠して子を産まなければならないので、家庭に入り、経済的にも政治的にも男性に従属するのは「自然なこと」だといった立場である。これに対して構築主義的なフェミニズムは次のように応答する。

第一に、生物学的なセックスの違いは、意外と連続的であることが知られている。遺伝子、内分泌、外性器といった点での、純粋に生物学的な違いは、明確に男女を区別する決め手にならない。たとえば、男女両方の外性器を備えた新生児は、少数とはいえ生まれてくる。にもかかわらず、そうした新生児も男性か女性かどちらかに決定される。その決定は、社会的・文化的な規範（人は男か女か、どちらかでなければならない）によるのである。

第二に、男女の身体に生物学的な違いがあるとしても、個人間では他にもさまざまな、そして大きな生物学的な違い（体力、知力の強弱から、血液型や髪の色の違いに至るまで）が存在する。これら他の違いと比べてなぜ男女の違いだけがとくに重要なのかは、簡単には説明できない。

第三に、最も重要な点だが、なぜ生物学的な違いが、その他の側面での女性の従属と男性の支配につながるのか、説明できないし、正当化もできない。たとえば、生物学的本質主義の切り札は、先にも見たように女性だけに妊娠・出産が可能だという違いである。しかしこれが、女性の政治的、経済的、社会的地位が従属的であることの正当化になるだろうか。むしろ、子を産めない男性のほうが子を産んだ女性に従属すべきではないのか。もちろん、これは不当な主張である。しかしそれなら、子を産んだ女性だからといって（それどころか産んでいない女性までも）女性だからという理由で男性に従属させられてきたことは不当ではなかったのか。現代の公共哲学はこれらの問いを真剣に受けとめる必要がある。

第三節　家父長制の概念

家父長制とは何か

家父長制（patriarchy）とは、明確な法的・政治的差別のかたちをとるわけではないが、社会的な、男性による女性の支配・抑圧の構造がある（かもしれない）と示唆する概念である。具体的には、夫と妻、父と娘、男性きょうだいと女性きょうだいのような家族のメンバー間でのさまざまな不平等が、法的・政治的平等が達成された後にも残ることが、この概念を用いることで指摘された。家父長制は「大家族主義」や「家制度」のことではない。近代的な核家族であっても、そのメンバーである男女間に独特の権力関係が働いているかぎり、家父長制は持続する。

家父長制は家族内だけでなく、社会全体での不平等の背後にあると考えられる。たとえば、ジェンダー化された職業において、男性的な仕事（外科医）が女性的な仕事（看護師）よりも給与や威信が著しく高いことがある。たしかに外科医のほうがより長期の困難な訓練を必要とし、高度な技術、重大な責任を伴うから給与が高いという事情はあるだろう。しかしそれに加えて、「男の仕事だから」とくに高く評価されるという側面はないだろうか。それどころか、同じ仕事をしていても男性のほうが給与や威信が高く、かつ無償の家事労働は女性のほうが引き受けるといった事態もある。外科医同士の男女のカップルがいたとしよう。家事や育児はどちらがするのだろうか。家庭内の決定権はどちらが握るのだろうか。不平等な分担があるとしたらそれはなぜか。こうした問いが、家父長制概念とともに浮上するのである。

家父長制概念の意義

こうした問いのもつ意義は、「個人的なことは政治的である」というラディカル・フェミニズムのスローガンに集約的に示されている。このスローガンによって、一見したところ政治とは関係なく見える私的・個人的領域、たとえば、家庭や恋愛における微細な権力関係が重大な政治的帰結をもたらすのではないかという問題に、光を投じることができる。ドメスティック・ヴァイオレンスの例はすでに見た（第一章第三節）。他にも、なぜ結婚すると女性は男性の姓を名乗ることが（圧倒的に）多いのか、それはどのような権力関係の所産なのか、その帰結は何なのかといった問題も議論の対象となる。

家父長制概念との関連で、マルクス主義フェミニズムによる「再生産」労働の発見の意義も見逃せない。この発見により、資本主義経済の「外部」にあるように見えて、実は資本主義経済を支えている、家事や育児のような賃金の支払いを受けない仕事があったこと、しかもそれがもっぱら女性によって担われてきたことが明らかにされた。日本の場合、二〇一六年時点での男女の無償の家事活動を貨幣額に換算すると、男性ひとりあたりの家事活動の価値は年間五十万八千円、女性は百九十三万五千円であった。時間にすると男性は二百七十五時間、女性は千三百十三時間である。女性は男性の四倍ほどの家事活動を無償で行ってきたことがわかる。女性によるこれだけの貢献が不払いであったことが見過ごされてきた背後には、家父長制の存在があったことが推察されるのである。

このような近代社会における分業が、人為的なものでない、近代以前からずっと不変である、政治による規定から独立している、といった意味での「自然」なものであるかは、疑わしい。たとえば男女の分業の仕方は、社会的・経済的な発展の度合いに依存している。男性が賃金労働、女性は無償の家事労働をするという区別はむしろ資本主義社会になってから確立された。何が「結婚」でありどのような関係が「夫婦」や「家族」であるかも法の定めに依存している。一夫一婦制、異性愛、核家族といったこんにち支配的な「家族のかたち」も、近代国民国家における民法の定めによって確立されたのである。

第四節　ケアの概念

ケアとは何か

ケアという概念が注目されるようになったきっかけは、一九八〇年代にキャロル・ギリガン（一九三六―　）が「正義の倫理」と「ケアの倫理」とを対比させたことである（『もうひとつの声で』、一九八二年）。そこでは、正義の倫理が抽象的な原理によって権利や正しさを確定するものであるのに対して、ケアの倫理は個別的で具体的な状況において他者との関係を形成・維持するものとされた。ケアの倫理の規範を一言で述べれば「誰も傷つけてはならない」というものである。より近年では、エヴァ・フェダー・キテイ（一九四六―　）が、依存とケアの重要性を強調する（『愛の労働』、一九九九年）。ここでのケアとは、誰かが他者に依存せざるを得ないときに、そうしたニーズに応えて依存者の世話をする・面倒を見ることである。

ケアをこのように特徴づけることには危険も伴う。とりわけ、正義の倫理＝男性の倫理、ケアの倫理＝女性の倫理という本質主義的な対立図式のもとで、すべての女性が「献身的に」「無償の愛」でもってケア労働に従事することが美化されるとしたら、それに対して懸念が生じるのは当然である。ギリガンの著作はこうした懸念の観点から批判されることもあった。とはいえ、実はギリガン自身も二つの倫理の対立をそのように単純に描いてはいない。ケアと正義は相補的なものであり、男性または女性がそれらの一方だけを担うわけではない。さらに、ケアの倫理は家族の生活領域における私的倫理とされることもあるが、キテイやジョアン・トロントらによれば、それは公共的倫理として位置づけ直される。誰もがケアを必要とする以上、ケアは社会全体の関心であるべきだからである。

ケアの倫理の立場からのリベラリズム批判

ケアと正義を排他的で両立不可能なものと考えることは妥当ではない。ケアを重んじるフェミニストはそのような主張をしてはいない。そうではなく、従来の公共哲学が正義を偏重してケアを見逃してきたことが問題なのである。

フェミニストからの批判はリベラリズムにも向けられた。リベラルな正義の原理は、典型的には、自由で平等で、合理的に自らの善の構想を追求できる、「自立した主体」(ロールズの場合でいえば道徳的人格ないし市民)の合意の対象として提示される、普遍的な原理である。こうした主体の理解、および主体間の合意によって原理が導かれるという考え方はしかし、人間の条件の重要な部分を見落としている、あるいは排除している。

その重要な部分とは、実際の人間は自立的な主体ではありえず、個別的で多様な「ニーズ」を抱えており、そのため文脈に応じた「ケア」を必要としており、したがってつねに誰か具体的な他者との間で非対称な「(相互)依存」の関係をもたざるを得ない、という基本的な条件である。第九章で私たちはこれを「生の脆弱性」と呼んだ。

その際にも強調したように、脆弱性をもたない、あるいは依存を免れている人など存在しない。安定した職や収入をもち、「家族を養っている」夫や父親としての男性は、誰にも依存しない自立した存在のように見えるかもしれない。しかしこれは錯覚である。そうした男性も、誰かに依存して成長したのであり、誰かに依存して生を終えることになるだろう。それどころか、今まさに自立して見えるときでさえ、実際には家庭内でケア労働を担う女性に依存していることが多いのである。

人間の生のこうした条件を見落としているために、リベラルな正義はニーズ、ケア、依存にかかわるさまざまな問題を公共的な課題として受け止めることができない。岡野八代(やよ)の表現によれば、リベラルな正義は、それらの問題を私的な領域に押し込め、しかもそのことを「忘却」する――最初から問題ではなかったかのように錯覚する――傾向をもつのである(『フェミニズムの政治学』、二〇一二年)。

キテイのロールズ批判

リベラリズムのこうした問題点を、ロールズのテキストに即して具体的に指摘したのがキテイである。その要点は次のようにまとめられる。

そもそもロールズの想定する「正義の状況」(社会的協働にかかわる負担と便益の分配が問題となるような社会的条件)には、物質的な資源の希少性は含まれている一方で、人間ならば誰もがもつはずの「依存のニーズ」は含まれていない。その結果、依存者と依存のケアの担い手の存在も、考慮されていない。

市民を「生涯を通じて社会的協働の十全な構成員である」道徳的人格とみなすことにも問題がある。この文言を強く解釈するなら、依存者は市民ではないことになり、依存者を含む関係は相互性の関係ではなくなる。依存の問題は正義のアジェンダから取り除かれてしまう。弱く解釈すれば、依存の事実は認められるであろうが、それでも依存対応労働(育児や介護のような他者の依存を直接ケアする労働)が社会的協働の中でもつ位置は曖昧である。依存対応労働なしでは社会が存立しえない以上、依存対応労働を引き受けることをたんなるライフスタイル上の選択肢(善の構想）の一つとして扱うことはできないはずであるが、この点は明確にされていない。むしろ依存対応労働者は、子どもや高齢の親といったケアする対象と緊密すぎる関係を結ぶがゆえに、自立していない不自由な存在とみなされ、社会的協働において周辺化されるおそれがある。

道徳的人格の二つの道徳的能力（第五章第二節を参照）はケアの能力を含まない。したがってこれらの能力を実現するための資源としての社会的基本財のリストもケアを含まない。ようするに、ケアと依存の問題は、いずれにせよ正義の問題として取り扱われないのである。

これらの結果、格差原理は、依存者と依存対応労働者のニーズを十分に満たせない。依存者は上に見たように正義の原理の対象とすらされないかもしれない。有償の依存対応労働者が「最も不利な」状態に置かれるという事態は、彼ら・彼女らの貢献の社会的重要性を考慮すれば不正であるし、無償の依存対応労働者の状態は放置されるおそれがある。

ケアの正義論

キテイ自身は、ケアと依存を事実として認めたうえで、これらを正義の問題として取り扱えるように、相互性の観念を拡大するという方向を取る。その要点は、誰もがケアを必要とする以上、誰もがケアを受け取れるための条件（そこには、依存対応労働者の境遇を改善することも含まれる）を提供することに、市民全員が公共的な責任を負う、というものである。正義の原理について言うと、キテイはロールズの二原理に「各人に対してはケアのニーズに応じて、各人からはケアできる能力に応じて」という第三の原理を付け加える。

この構想の基盤には、二つの考えがあるように思われる。第一に、「私たちはみな、誰かお母さんの子どもである」という、人間の相互依存の不可避性と、この点での人間の根本的な平等性についての確信である。キテイにおいて母子関係は、人間の脆弱性と平等性を中心とした社会関係を表すアナロジーである。そして第二に、脆弱な存在に対しては、そのニーズをケアする能力をもつ者がケアする責任をも負うという確信である。この確信からは、ケアの能力のある者は依存者に対してケアを行う責任を負うが、同時にそうした依存対応労働者に対しては社会全体が彼ら・彼女らをケアする責任を負うという結論が導かれる。言いかえると、ケア労働を「脱私事化」することが求められる。たとえば介護保険がそうした制度の例である。

ケアの正義論への疑問

キテイのロールズ批判は非常に強力であり、ケアの正義の構想も魅力的である。ここでは二つだけキテイに対して疑問を提示しておきたい。

まず、依存者のニーズを満たされるべきものとそうでないものに分ける基準は何だろうか。私たちが常に他者に依存していることは事実である。しかし、依存の程度や種類は異なっている。ありとあらゆるニーズを同じようにケアすることは不可能であるし、おそらくそうすべきでもない。キテイ自身が挙げている例であるが、知らない人から一方的に愛されて、「私はあなたの愛を必要としている。私はあなたに依存せざるを得ない。私をケアしてほしい」と言われても困るであろう。すでに親密な関係がある場合でも、あるいはそういう場合こそ、依存者のニーズすべてを満たそうとすることは、ケアの提供者にとって過大な負担となり得る。たとえば、一部の高齢者には自分の娘（義理の娘も含む）にケア（介護）してほしいというニーズがあるとして、そのニーズは必ずケアされなければいけないのだろうか。こうした事例を前にしたとき、満たすべきニーズと満たすべきでないニーズはどのように判定されるべきか。とりわけ、社会は誰のどのようなニーズを優先的に満たすべきなのか。

次に、自律の理念と、ケアの関係をどう考えるべきか。キテイは、誰もが他者に依存している事実を強調し、「自立した個人（the independent individual）」などというものは、「依存者の問題を他者に押しつけることのできる特権に恵まれてきた男性の架空の創造物である」と言い切っている。しかしここでは、自律（autonomy）と自立（independence）を区別する必要がありはしないか。他者への依存をいっさい免れているという意味での「自立」が不可能であるという点では、キテイは正しい。けれども、どれほど依存している人でも、あるいはそういう人ほど、依存している相手の意思からの「自律」を望むものではないか。たとえば、経済的に依存している立場の人びとは、稼ぎ主の意思に支配されたくはない。心身のケアを受けている立場の人びとも、ケア提供者の気まぐれや横暴にさらされたくはない。ケアはたしかに重要であるが、自律にも価値を認める必要があると思われる。

実際のところ、自律と自立の区別について、キテイには曖昧さが残る。一方で、自律と自立を区別して、自律には重要性を認めているように読める箇所もあるが、しかし次のように言われるときは、自律にも限界があることが示唆されている。

> 自己統治（self-governing）という意味での自律は、格別重要なものである。けれども、こうしたカント主義的な考慮は、自己統治に対する一つの義務的な制約として依存を承認することができるような、人格についてのもっと適切な表象のなかに取り入れられる必要がある。
> （『愛の労働』）

ここでは、自律的な個人という理想そのものが依存に応える義務によって制約されている。依存をケアすることが、自律よりも優先されるべきだと、キテイは考えているように思われる。ようするに、自律を重んじるリベラリズムとケアの倫理の間には緊張関係が存する可能性もある。これらの問題に対して回答する一つの方法は、ケイパビリティ・アプローチの採用であるかもしれない。一方で、満たされるべきニーズを、人間にとってとくに重要な「中心的ケイパビリティ」に関するニーズにだけ限定することができる。これによって、先に見たような、中心的とは思われないニーズを満たす責任はなくなるように思われる。

他方で、他者の意思からの自律を中心的ケイパビリティのなかに含めることもできる。この中心的ケイパビリティに対しては、社会が責任をもって保障すべきだろう。これによって、ケアの受け手がケア提供者の意思に依存せずにすむと同時に、従来は無償で依存対応労働を担ってきた人びと（その多くは女性であった）が、稼ぎ主の意思からも、また依存者の意思からも自律できるための制度的取り決めを要求するだろう。

本書では繰り返し複数性と自由の価値に注意を促してきた。フェミニズムの公共哲学は、人間を男か女かというせまくるしい対立図式に押し込めることなく、一人ひとりの複数性と自由を承認するための重要な方途を開いてくれた。念のため言っておけば、硬直した男女の区分によって不利益を被るのは、女性だけではない。たとえば、育児休業の機会が保障されているのに、「男らしくない」という偏見や抑圧のために実際には育児に参加できない男性は少なくない（二〇二二年の調査では日本の男性の育休取得率は過去最高となったが、それでも一七%にとどまることが報告された)。こうした問題が認識されるようになったのも、フェミニズムの公共哲学の成果の一つであろう。

もとより、人間の複数性と自由の否定——端的に言えば、差別——につながる硬直した枠組みは、ジェンダーだけではない。本章では触れることができなかったが、セクシュアリティをめぐる複数性や、人種や民族をめぐる複数性が否定される場面にも、私たちは目を向けなければならない。しかも、これらの差別は複雑に交差しており(インターセクショナリティ)、これまでのフェミニズムの視点だけではとらえきれない差別があることも指摘されている(たとえば、白人、異性愛、中産階級の女性のフェミニズムは、非白人、性的少数者、貧困層の女性の苦境に敏感ではなかった)。それでも、フェミニズムが複数性と自由のある社会を目指す探究の出発点の一つであることは疑いないように思われる。

第十三章
国際社会における公共哲学

第一節　国際社会における正義

グローバル・イシュー

第一章で見たように、「公共的なもの」は人びとの間にある共通の関心事を指す。国際社会にも、当然、国境によって区切られることのない共通の関心事が存在する。「グローバル・イシュー」と呼ばれる問題群がそれである。グローバル・サウスの貧困、人口の急激な増加、資源の枯渇は早くから注目され、警鐘が鳴らされてもきたが、近年では、これらに加え気候変動、海洋汚染、新型コロナウイルスなど新興感染症の登場、難民や移民の増加、そして核拡散などに関心が寄せられている。気候変動や感染症が典型的にそうであるように、こうした問題に一国の力で対処しようとしても実効性は期待できない。諸国家をはじめ国際社会のさまざまなアクターによる協調した、しかも持続的な取り組みが求められている。

この最終章では、焦点を「グローバル・ジャスティス」(global justice)の議論に絞って、国際社会において不正義とみなされる問題はどのように特定され、それにいかに対処しうるかについて考えたい。

国際社会における規範

国際社会は、長らく主権国家からなる勢力均衡のイメージ(ウェストファリア・モデル)をもってとらえられてきたが、そこにはたんなる――力のバランスにもとづく、それゆえ不安定な――「暫定協定」(modus vivendi)にとどまらない共通の規範や制度が形成されてきた。そうした規範や制度は、正‐不正に関する道徳的判断がある程度共有されていることを反映している。

その中心には、「奴隷禁止条約」(一九二七年)、「不戦条約」(一九二九年)、「国連憲章」(一九四五年)、「世界人権宣言」(一九四八年)、「難民条約」(一九五四年)、「自由権規約」および「社会権規約」(一九七六年)、「女性差別撤廃条約」(一九八一年)、「子どもの権利条約」(一九九〇年)などにもとづく国際人権レジームが存在する（条約についてはいずれも発効年）。こうした条約の批准はそれに適合するよう、国内の法制度を改廃・再編することを求める。たとえば、難民条約を批准した際に日本では年金制度の国籍条項が撤廃され、定住外国人も有資格者となった。この事例にも見られるように、国際社会で形成され、広く受容されるようになった制度には国内の制度にも変更を迫る批判的な力がある。ちなみに、日本はいわゆる「死刑廃止条約」（一九九一年）や「核兵器禁止条約」（二〇二一年）には署名していない。

二〇〇六年の安全保障理事会決議では、「保護する責任」（responsibility to protect）の観念のもと人権侵害を実行ないし放置する国家に対する人道的介入が正当化され、絶対的なものと解されてきた国家主権は、少なくとも規範的には相対化されるようになった。同様に、二〇〇二年に設置された「国際刑事裁判所」（ＩＣＣ）は、重大な不正――ジェノサイド、人道に対する罪、戦争犯罪、（条件付で）侵略罪――を引きおこした個人を特定して訴追する機関であり、国家主権を盾にした従来の「無処罰文化」を是正することを意図している。

気候変動については、一九九四年に「国連気候変動枠組条約」が発効し、翌年からＣＯＰと略称される締約国会議が毎年開かれている。温暖化ガス排出のさらなる規制を求める側と経済成長を求める側との間で毎年のように抗争と妥協形成が繰り返されながらも、多くの国家に気候変動への取り組みを促している。

二〇二二年のロシアによるウクライナへの軍事侵攻は、戦争が正当化されるのは自衛のために限られるという「開戦における正義」にも、また民間人を攻撃対象としないという「交戦における正義」にも明らかに反している。それにとどまらず、核兵器の使用も辞さないとの脅しは核抑止力を求める議論を再び喚起している。そして、当のロシアは、国連安全保障理事会の常任理事国であり、制度上は平和の維持に対して主要な責任を負うべき立場にある。

このことにも見られるように、国際社会には道徳的な正－不正を判断する共通の規範やルールが形成されている一方で、その規範やルールの遵守を強制できる実効的な制度はまだ有効にははたらいていない。非遵守に対しては外交的・経済的制裁が主要諸国の連携により発動されることもあるが、それも選択的であり、恣意性を否定しがたいところがある。

国際社会における不正義と責任

国際社会では、個人や集団の責任が特定されなければならない不正義が存在する一方で、特定の行為主体には帰責しがたい問題も数多く存在する。アイリス・マリオン・ヤング（一九四九—二〇〇六）は、そうした不正義を「構造的不正義」（structural injustice）と呼んだ（『正義への責任』、二〇一一年）。彼女によれば、この不正義は、「多数の個人や組織が、所与の制度上の規則や受容されている規範の枠内でそれぞれ目標や利益を追求した結果生じる不正義」である。たとえば、消費者が有名ブランドの衣服を購入しようとする欲求をもち、その需要に応えてアパレル産業が低コストでの生産を見込める途上国の工場に生産を委ね、他との競争にさらされている当の工場の経営者は劣悪で過酷な環境のもとで労働者を働かせるといった行為の連鎖が考えられる。労働災害や過労死が生じた場合に責任が問われるのはそのスウェットショップ（苦汗工場）の経営者に限られ、企業や消費者がその責任を問われることはない。温暖化による海面上昇の結果、住み慣れた土地を離れることを強いられる「気候難民」や「気候移民」も、その不正義の原因を特定の行為主体に帰すことはできない。

ヤングは、責任が問われる状況を因果的に引きおこした特定の主体に責任を限定する「帰責」（liability）モデルを批判して、構造的不正義の縮減をもたらすことのできる政治的責任の構想を示している（ヤングはそれを「社会的連関 social connection」モデルと呼ぶ）。それによれば、構造的不正義に対しては、富裕国の消費者からスウェットショップの労働者にいたる構造的なプロセスに関与するすべての行為主体が、そのプロセスへの関与の度合いとそのプロセスを変えることのできる立場や能力に応じて責任を分有することが要請される。

とはいえ、このモデルをとるとしても、「帰責」の観念が無意味になるわけではない。この観念を用いて、グローバルな貧困が再生産される現状への責任を富裕国の市民に帰すのがトマス・

ポッゲの議論である（『世界の貧困と人権』、二〇〇八年）。彼によれば、現行の制度に代わりうる制度を過大な負担を負うことなく編成しうるにもかかわらず、人権の欠損を引きおこしている現行制度に加担しつづけることは、「消極的義務」（negative duty）違反に当たる。消極的義務とは、自ら自身の行為によって他者に不正な危害を加えないという義務であり、自らに原因のない他者の状況を改善する義務である「積極的義務」（positive duty）から区別される。ポッゲによれば、世界貿易機関（ＷＴＯ）をはじめ現にグローバルに共有されている制度とその運用から受益し、かつその制度のあり方に発言権をもちうる富裕国の市民は、この消極的義務にすら反している。彼らは、貧困がもたらす苦難から人びとを保護するとともに、不正を生みだしている当の制度を改善する責任を負っている。

制度を媒介とした危害を指摘するポッゲの議論には、消極的義務違反をやはり道徳的不正と見るリバタリアンですら退けられない面がある。とはいえ、義務違反の状態を解消していくために富裕国とその市民に何が要求されるのか、そしてその負荷は過大なものとならないかなど、検討すべき課題は大きいように思われる。

それでは、そもそもグローバルな社会において正－不正を判断する基準とは何だろうか。それは国内の判断基準とは異なるだろうか。

人権――正‐不正の基準

国際社会において道徳的な正‐不正を判断する基本的な基準は、「人権」（human rights）が保障されているか否かにある（必ずしもそれに還元されるわけではない）。人権は、各国の憲法によって保障される基本的諸権利から区別される必要がある。国際社会には、リベラルではない諸社会も含まれており、人権はそうした諸社会に生きる人びともまた強制なく受容しうるものでなければならないからである。たとえば、ロールズのいう「まともな社会」（decent society）のような社会では、平等な信教の自由や平等な政治的自由を権利の範疇に含める規範は受容することができないだろう。

とはいえ、国際社会で共有されうる人権の構想を一義的に確定するのは困難であり、論者の間には見解の相違も見られる。人権保障の実効性を重視し、その内容をミニマムなものに絞るべきとするマイケル・イグナティエフらは、身体が被りうる「残酷さ」（cruelty）（大量殺戮・拷問・レイプなど）を避けることのできる身体的安全への権利に人権を限定すべき、と主張する。ヘンリー・シューはこの権利に加えて生存への権利や移動の自由など一部の自由への権利もまた諸々の人権の基本をなすと論じている。

これら最もミニマムなものに加え、人権の内容を構成するものとしては、良心（信教）の自由や強制労働からの自由などの自由的権利、私有財産を保持する経済的権利、基礎的な教育や医療へのアクセスを保障する社会的権利、そして表現の自由、集会の自由などの政治的権利が考えられる。ライナー・フォアストやジェイムズ・ボーマンらは、政治的権利を最も基本的な人権の一つとして位置づけている。彼らが擁護するのは、自らが直面している深刻な不正を国内および国際社会に訴え、その問題の解決をはかるべく意見－意思形成を始める権利である。人権侵害にさらされやすい脆弱な立場にある人びとを保護や救済の受動的な対象として扱うことをやめ、その不正を問題化しうる政治的な行為主体としてとらえる必要があるからである。

オノラ・オニールが強調するように、権利にはそれを実効的に保障する義務が対応しなければならず、そうでなければ人権規範は空文化してしまう。かつてアーレントが指摘したように、たんなる「生まれながらの」権利への訴えは、それに応える義務を負う者がいなければ、最も無力な訴求にとどまる。人権を実現するためには、その侵害や欠損に反応し、それを保障しうる法の体制をどのように構築するかが問われなくてはならない。

人権規範を正当化する根拠としては、相互に排他的ではないものの、大別して次の三つが挙げられるだろう。つまり、①道徳的人格としての尊重、②基本的必要の充足、そして③国際社会において長く受容されてきた実践＝慣行（practice）である。人権概念の解釈において安定したコンセンサスを築き、それを堅持しうるかどうかを考慮するなら、これまでの実践＝慣行から受容されうる人権の構想を引きだすことが妥当であるように思われる。これは、言いかえるなら、人びとが何を許容できない不正として繰り返し受けとめてきたか、その「不正義の感覚」(ジュディス・シュクラー『不正義の諸相』)の共有に人権規範の根拠を見いだすアプローチである。

第二節　分配的正義の構想

ロールズの「諸人民の法」の構想

グローバル・ジャスティス論が活性化しはじめたのは、チャールズ・ベイツの『政治理論と国際関係』(一九七九年)が出版された頃からだが、この分野でもロールズの著作『諸人民の法』(一九九九年)は、その後の議論の座標軸となった。

ロールズは「リベラルで民主的な諸社会」に見いだされる実践=慣行から次のような諸原理を再構成している。

(一)　各人民は自由かつ独立であり、その自由と独立は、他の人民からも尊重されなければな

らない。［自由と独立の尊重］

（二）各人民は条約や協定を遵守しなければならない。［条約・協定の遵守］

（三）各人民は平等であり、拘束力を有する取り決めの当事者となる。［対等な地位の承認］

（四）各人民は不干渉の義務を遵守しなければならない。［不干渉の義務］

（五）各人民は自衛権を有しているが、自衛以外の理由のために戦争を開始するいかなる権利も有しない。［jus ad bellum 開戦における正義］

（六）各人民は諸々の人権を尊重しなければならない。［人権の尊重］

（七）各人民は戦争の遂行方法に関して、一定の制限事項を遵守しなければならない。［jus in bello 交戦における正義］

（八）各人民は、正義にかなったないしはまともな政治・社会体制を営むことができないほどの、不利な条件のもとに生きる他の人民に対して、援助の手を差し延べる義務を負う。［援助の義務］

ロールズによれば、これらの原理は国際社会で広く受容されてきた「馴染み深い」規範であり、リベラルではないが「まともな社会」も無理なく受容しうる規範である。彼が「まともな社会」と呼ぶのは、政教分離はとらないが信教の自由を保障し、平等な政治的権利は認めないが政治的主張が聞き取られる社会である。理想的な国際社会をリベラルな社会一色に染め上げることなく、たとえば国教の制度をとる社会も対等な構成員であるとするのが、ロールズのいう「現実主義的なユートピア」である（もしリベラルな社会に一元化しようとすれば文化帝国主義は避けられなくなり、国際社会の分断はさらに深まらざるをえないだろう）。

他方、これらの原理を遵守しない国家は「無法国家」(outlaw states) と呼ばれる。人権を侵害したり、その侵害を放置する国家、対外的な拡張戦争を行う国家、その戦争において民間人を攻撃の標的とするような国家である。

「諸人民の法」に関してもう一つ注目したい原理は「援助の義務」である。これは、物的資源の不足というよりも政治文化の歪みや制度運営の欠陥のために、正義にかない、安定した秩序を築くことができずにいる社会――この種の社会は「重荷を負った社会」(burdened societies) と呼ばれる――への達成目標のある援助を目指すものである。援助終了の時点で大きな経済的格差が残るとしても、ひとたび「重荷」が取り除かれるならば援助は切り上げられるべきである。このようにロールズは、国内の社会とは違い、国際社会を再分配のユニットとはみなさない。

コスモポリタニズムによる批判

ロールズの構想、とりわけ援助の義務に対しては、コスモポリタニズムから根底的な批判が提起されている。ロールズのもとで学んだポッゲ（一九五三― ）はその一人である。彼は、「重荷」をもっぱら国内的な要因とみなすロールズは「説明上のナショナリズム」（explanatory nationalism）に陥っていると見る。彼によれば、国際社会における財の分配はＷＴＯなど事実上の強制力をそなえた制度によって左右されており、たとえば知的財産権を保護する制度（ＴＲＩＰＳ）による制約ゆえに治療薬にアクセスすることのできなかった多くの人が命を落とした。ポッゲによれば、正統ではない仕方で政権を掌握した者にもお墨付きを与えて、その為政者が資源の売却や借款によって権力基盤を維持することに手を貸してきた先進国の慣行にも問題がある。売却できる資源に恵まれた国ほどクーデタや内戦が絶えず、成長を遂げることができずにいるというパラドックス（「資源の呪い」）も、この慣行によって説明できる。

「重荷」をもっぱら国内的要因に帰することは妥当ではなく、国際社会の制度や慣行もそれに関与しているというポッゲの議論には説得力がある。人権の欠損という不正が共有される制度によって引きおこされていると見るポッゲは、グローバルな社会を再分配のユニットとみなす。分配的正義の射程は、一国内に閉じず、グローバルな社会に拡げられるのである。

分配的正義の射程をめぐっては、ロールズやデイヴィッド・ミラーらの国家主義（statism）とポッゲやベイツらのコスモポリタニズムとの間で論争が交わされてきたが、そのいずれかに与する必要はない。国際社会において資源分配を規制する諸制度は、多元的・多層的に存在するという見方をとるのが妥当であろう（たとえばＥＵのように地域において共有されている制度もある）。何らかの制度を共有している者は、それが不正と判断される事柄を引きおこしている場合には当の制度を是正すべき責務を負っている。

付け加えるなら、制度の共有ゆえに責務が生じると考えるのではなく、人間としての自然的義務ゆえに支援が行われるべきと考えるコスモポリタニズムの立場もある。第四章で触れたピーター・シンガーらの功利主義や「効果的利他主義」（effective altruism）と呼ばれる運動はその一つである。この立場によれば、人を隔てる国境線は道徳的には無意味であり、同一の資源でより多くの福利を向上させることができるなら、その資源を他国に生きる人びとに迷わずに振り向けるべきである。この立場は、「いま・ここ」での貧窮の緩和を重視するために対症療法に終始するのではないかとも見られている。しかし、現実の貧困に対応するとともに、その貧困を再生産している構造の変革に取り組む途があらかじめ塞がれているわけではない。

図13-1　T. ポッゲ

公共的な資源創出の構想

グローバルな貧困に対処するために資源のグローバルな再分配が必要だとして、そのための公共的資源はどうしたら得られるだろうか。ODA（政府開発援助）には各国の利害関心がはたらきがちだし、「効果的利他主義」が勧めるNGOへの寄付は注目をひきやすい——効率的であると評価されやすい——活動に偏るおそれがある。

ノーベル経済学賞を受賞したジェイムズ・トービンが発案した、外国為替取引に対するごく低率（一％以下）の課税（トービン税）には、資金をプールするだけではなく、投機目的の短期的な通貨取引を抑制する作用がある。ポッゲが提案する「グローバルな資源配当」は、有限な天然資源に対して地球に生きる人びとは一定の取り分をもつという考えにもとづき、天然資源の消費に課税（採掘時点で一％）するものである（これにも化石燃料の採掘を抑制する効果が望める）。他にもトマ・ピケティの「グローバルな資産税」や、アイエレット・ザッカーとラン・ハーシルによる「生まれによる特権への課税」——アクセスしうる望ましい諸機会が、自由な移動が妨げられることによって偏在している事態を是正することを目的とする——のアイディアがある。これは、たまたま富裕国に生まれるという運に恵まれた人だけが富やライフチャンスにアクセスできるのは不正であり、そうした運に恵まれなかった人びとにその富を再分配することが正義にかなっている、とするものである（第八章第二節で紹介した「運の平等主義」の国際版である）。

これらの構想に共通する特徴は、富裕国の市民の動機づけを考慮して過大な負荷を負わせることを避けながらも、貧困ないし過度の不平等に対処するために、富裕国の市民により大きな負担責任を負わせるという点にある。

ヒトの移動

国際社会における分配的正義には、モノの移転（資源の再分配）のほかに、ヒトの移動（移民）という面がある。前近代の社会では一国の社会内でもヒトの移動はかなり厳格に制限されていたが、国民国家が形成されると国内での移動の制限は撤廃された（このことは産業化が求める流動性の要請に応えるものでもあった）。「移動の自由」は立憲国家では基本的諸権利の一つとして位置づけられている。カナダの政治哲学者ジョセフ・カレンズは、理想的な状況においては、国際社会でも移動の自由は人権の一つとみなされるべきであると論じ、ヒトの移動を力強く擁護している（『移民の倫理学』、二〇一三年）。加えて、恵まれたライフチャンスへのアクセスをたまたまある社会に生まれた人びとが専有している事態は道徳的に正当化しがたいという議論も有力である。

現在、移民の受け入れは各国の裁量事項となっており、移民受容についてのグローバルな共通規範はいまだに形成されていない。むしろ、先進国では、自国市民の反発を避けるために、移民の新たな受け入れ拒否ないし選択的な受容に向かう傾向が強まっている。

それでも、少子化の趨勢に歯止めがかけられない社会は、実質的には、移民受け入れの方向への政策転換を余儀なくされている。その典型は日本である。戦後まで移民送り出し国の一つであった日本は、その後移民受け入れにはきわめて抑制的となり、業種による人手不足には、日系人に限定した受け入れや技能実習制度の利用などによって対応してきた。日本の入国管理政策は、①高度人材獲得、②補完的労働力の選択的受容、③非正規滞在者摘発厳格化によって特徴づけられる。③については、「全件収容主義」にもとづく非正規滞在者の長期収容が明白な人権侵害を引きおこしている実態が知られるようになった。①および②については、特定技能制度が二〇一八年に設けられることにより、限定的ながらも外国人労働者の定住化に途が開かれた。

移民の受け入れの制限を正当化する理由としては、国民文化の保全という文化的理由、雇用機会の減少、賃金水準の低下、社会保障のコスト増、治安の悪化といった経済的・社会的理由、誰を新たなメンバーとして迎え入れられるかはすでにメンバーである者の自己決定に委ねられるべきであるといった政治的理由が挙げられているが、そのいずれについても反証や異論が可能である。より説得力のあるものとしては、流動性が過度に高まるとそれぞれの社会をよくしようとするコミットメントへの動機づけが薄れるという理由がある（ヒトの移動に消極的なロールズはこの理由をとっているように思われる）。

留意したいのは、ヒトの移動には、先進国が途上国から貴重な人材を奪う面があるということである。自国で投資をして育てた貴重な人材が先進国に都合のいいように引き抜かれている——収奪されている——ことをネルソン・マンデラは「密猟」に喩えたことがある。先端テクノロジーや医療・看護などの分野で専門的技能をもつ人びとの移動が顕著であるが、彼・彼女たちは社会やコミュニティにあってそれらをリードできる人材でもある。

過度の流動性は無条件には肯定できないという考えは理にかなっているように思われる。ヒトの移動に関しては、現状のように各国の自由裁量に委ねるのではなく、移住希望者に向けて入国制限を正当化する理由を挙げ、その理由が送り出し国および受け入れ国双方の市民にとって妥当であるか否かを検討し、評価する仕組みを構築していくことが求められる。

難民について付言すれば、日本の難民認定率は一％を超えることすらほとんどなく、数十％台に及ぶ北米や欧州の諸国と比べて驚くべき低さである。しかも、難民の認定基準や手続きを見直す方向にむかうのではなく、逆に、難民の排除を強化する方向での法の改定が検討されている。冷戦下で、旧植民地からの人の移入を防ぐという意図をもって設けられた入国管理制度そのものの是非が問われている。

第三節　国際社会における公共圏

国際社会におけるデモクラシー

国際社会には、貧困のみならず深刻な不平等も存在する。この不平等は政治的その他の交渉力における大きな格差をもたらし、国際社会に優位 - 劣位のハイアラーキーをつくりだしている。貧困が「比較によらない不正」（a non-comparative wrong）であるとすれば、過度の不平等は「比較にもとづく不正」（a comparative wrong）である。実際、グローバルな制度の創設や維持には交渉力の違いが如実に反映されており、劣位の側の発言力は制約されている。一方で、主要国や国際機関の政策は、グローバル化が深まった環境において、ほとんどあらゆる社会に生きる人びとをその影響を被るステークホルダー（利害関係者）としている。

国際社会のステークホルダーの意見や意思を国際的な政策決定にどのようにつなげていくことができるだろうか。次の四つの対応に整理しておきたい。

第一に、国連主導のもとで諸国家間の協調を促すという点では現状と大きくは異ならないものの、国連の諸機関や国際機関により多くの権限を与えることを通じて、諸国家の恣意を制約しグローバル・ガバナンスの実効性を上げていくという対応である（D・ミラー、R・ダール）。

第二に、国際社会においても多層的・多機能的に民主的正統化の連関をつくりだしていくという構想がある。グローバル・ガバナンスがアウトプットの面での正統性を高めようとするものであれば、これはインプットの面で市民の意思を代表する多元的なルートを制度化しようとするものである（デイヴィッド・ヘルドら）。

第三に、NGOなどステークホルダーの代表が、実質的な政策形成の過程に参加するルートを築き、アカウンタビリティを確保していく構想がある。これは、立法過程における代表というよりも行政過程における代表を重視する（J・ボーマンら）。

最後に、国際社会においてもインフォーマルな公共圏における諸言説の抗争を重視し、対抗的な言説の形成を通じて政策決定者に間接的に影響力を及ぼしていくという考えがある（ジョン・ドライゼクら）。この考えには、実質的な政策転換を図っていくためには、制度の再編に固執するよりも、一定の時間をかけて越境的に対抗的な言説を共有していくことのほうが有益であるという認識がある。たとえば「持続可能性」という言説が「成長」や「開発」の言説を相対化してきたことに見られるように。

これらの考えはもちろん相互に排他的なものではなく、安全保障理事会をはじめとする国連の改革、多層的・多機能的なフォーマルな代表の選出、政策形成への参加とアカウンタビリティの強化、そしてトランスナショナルな公共圏の形成とそれを通じたアジェンダの設定などは並行して多元的に進めることができる。

グローバルな公共圏

グローバルな不正義を認識し、その縮減を進めていこうとするとき、諸国家（の協調）や国連の諸機関が有力な担い手であることは言うまでもない。これらのアクターは、国際社会の秩序の維持、とりわけ即時の対応が求められる諸々の「危機」――安全保障上の危機、公衆衛生の危機、食糧危機、難民危機、そして金融危機など――に一定の力を発揮していることは確かである。アムネスティ・インターナショナル、ヒューマン・ライツ・ウォッチ、国境なき医師団などのNGOも人道的危機などに公共的な注目を喚起するとともに、緊急支援の担い手ともなっている。

しかしながら、いわゆる対症療法を超えた取り組み、不正義を再生産している制度や慣行、I・M・ヤングのいう構造的プロセスを変えていくという取り組みについてはどうだろうか。この面では、ドライゼクが指摘するような国際社会における時間をかけた（対抗的な）意見形成と、それをリードする社会運動の果たしてきた役割が大きいと思われる。

気候変動を生みだしている諸要因についてはすでに長い歴史をもつ運動があるし、グローバルな垂直的分業が生みだしている問題についてはヤング自身もコミットした「アンチ・スウェットショップ」運動などがある。また、政治的に無力とみなされがちな貧困者自身が形成している運動として「スラム居住者国際ネットワーク」や「ヴィア・カンペシーナ」(中小農業従事者組合の世界組織)を挙げておきたい。フェアトレイドは、消費者と生産者とがどのように結びついているかについての認識を喚起する運動として一九六〇年代に始まったが、いまでは――生産者自身の交渉力を高めることに資しているのかどうかには疑問もあるが――大手の企業も関与する取り組みとして定着している。

社会規範を組み換えていこうとする運動には長い時間がかかるし、その効果をエヴィデンスにもとづいて測定することもにわかには困難である。運動の成果は、後に振り返ったときにはじめて明らかになる場合も多い。しかし、たんに資源を移転するだけでは、短期的な効果は眼に見えやすいとしても、不正義を再生産している構造的な問題の解決にはつながらない。社会運動に問われるのは、当事者自身の「エンパワーメント」を導くことができるか、つまり、直面している問題に対してけっして無力ではなく、支援を得て自らコントロールを及ぼすことができるという認識を生みだせるかどうか、である。

いずれにしても、グローバルな不正義の縮減を図っている行為主体は多元的に存在しており、公共哲学は、それらの間にどのようなコンフリクトがあり、またどのような協調の可能性があるかを見ていく必要がある。

世代間正義

国際社会において「世代間正義」(intergenerational justice) を考慮に入れることは、グローバル・ジャスティスの不可欠な要素である。このテーマは、人口過剰や資源枯渇のおそれ、環境の悪化を背景として一九六〇年代半ば頃から国際社会において公共の関心事として浮上した。運命共同体のイメージを喚起する「宇宙船地球号」という言葉が広く使われるようになったのもこの頃である。ドイツの哲学者ハンス・ヨナスは、『責任という原理』(一九七九年) で、私たちにとって最も重大な責任は「人類の存続への責任」であり、この責任はそれ以外のあらゆる個別的な責任に先行すると明言した。この頃から、主に倫理学の分野を中心に、将来世代への責任のみならず、生物多様性を含む地球環境の保全への責任をテーマとした議論が活発となり、現在へといたっている。

第一章で述べたように、人びとの「間」は空間軸のみならず時間軸をもっている。将来世代に対して現世代はどのような責任を負っており、その責任をどのように果たすことができるかを検討するのも公共哲学にとって重要な課題である。

ロールズは、空間的には閉じた社会を想定した『正義論』においても、その社会が時間的には開かれていることを強調した。社会的協働は諸世代にわたるものであり、現世代が自己優先を図ることは避けられねばならない。原初状態の当事者には、現世代が諸世代の連鎖の中でどこに位置を占めるかの情報も無知のヴェールによって遮られる。この制約のもとで、当事者は「正義の二原理」とともに「正義にかなった貯蓄原理」(just savings principle) についても合意する、とされる。

貯蓄原理は、先行する諸世代に期待するような一定の資本の蓄積を、後続する諸世代のために行うことを要請する。この蓄積は、正義にかなった社会の基礎構造を持続可能なものとする条件を確保するためのものであり、資本の蓄積それ自体が自己目的化されるわけではない。各世代は貯蓄原理によって定められた「実質的な資本に換算された公正な等価物」を次の世代に受け渡していくことが要求される。この広い意味での「資本」には、物質的なもの(富)にとどまらず、正義にかなった諸制度を成り立たせる技術や技能、知識や文化も含まれる。

サミュエル・シェフラーは、『私たちはなぜ将来世代を気づかうか』(二〇一八年) で、たんに正義にかなった社会を維持するだけではなく、過去の世代が価値づけ、大切にしてきた事柄を将来世代の人びとに伝えていくことが重要だとしている。自らを中心化せず、こんにちの私たちに伝えられてきたものを恣意的に処分しないことを求める考えは、生命と対比される世界への関心の回復を求めたアーレントの議論(第三章第一節)に通じるところがある。いずれにしても、過去の人びとが価値づけてきたものを保守するとともに、将来世代に生きる人びとの根本的利益を確保し、その利益を回復不可能な仕方で損なわないことが世代間正義の基本線となるだろう。

グローバル化が進展し、深まった条件のもとで、デューイのいう影響関係もまさにグローバルに拡がっている。その意味で、グローバル・イシューと呼ばれる諸問題は私たちの公共的な関心事にもなっている。人権をはじめとする公共的な価値の実現に誰がどのような責任を負っているのか、きわめて多元的な社会において私たちがともに受容しうる公共的な価値をいかにして特定することができるか。これらも公共哲学に問われているのである。

おわりに

以上十三章にわたって、公共哲学がどのような探究を行っているかを見てきた。もちろん、本書は、公共哲学が検討すべき主題を網羅的にカバーしているわけではなく、基本的には規範的な政治理論からのアプローチに限定されている。とはいえ、本書では扱えなかった問題領域、たとえば経済や科学技術にかかわる主題を考察する際にも、本書が描いた探究の基本線は活かすことができるのではないかと思う。

最後に、何が公共哲学にとっての基本的な問いであるかをあらためて振り返り、それに対してどう応答することができるかに一応の答えを示したい。

利害関心のみならず価値観もまた多元的に分かれる社会にあって、どうしたら支配や抑圧を避けつつ、安定した共存をはかることができるのかという問いが、本書を導いてきた問いである。この問いを明示的に掲げたのは『政治的リベラリズム』のロールズだが、ハーバーマスやセンら多くの哲学者もまたこの問いを共有している。ロールズから見れば「包括的世界観」の枠内にとどまっているカントやJ・S・ミルらのリベラリズムも、また共有する問いである。

この問いに答えようとするとき、まず、多元的な社会を一つの価値観でまとめあげることはできず、複数の価値観があるということは前提としなければならない。コミュニティやアソシエーションなどでは特定の価値観を共有することにより結びつくことができるが、政治社会ではそういうわけにはいかない。人びとに自由を保障する制度が保持されるかぎり、追求される価値観は分かれざるをえない。自由のある社会は相異なった仕方で生きる人びとから成る社会である。

そのうえで問われるのは、価値観に違いがあるにもかかわらず、その複数性を廃棄することなくともに受容可能な、あるいは理にかなった仕方では拒絶できないような一群の公共的な価値を特定することはできるのか、という問いである（「理にかなったreasonable」というのは、自分とは異なった価値観をいだく他者を同じ社会に生きる対等な者として尊重する相互性のある理性のあり方を指す）。

この問いに対しては、歴史の経験にもとづく理由と理論にもとづく理由を挙げて答えることができるだろう。つまり、人びとがともに受容しうる公共的価値とは、これまでの歴史を通じてなくてはならないものとして繰り返し闘いとられ、しかも妥当なものとして長く受け入れられてきた価値であるという理由、そして、人びとが自らの生をどのように生きるのであれ、その生が支配や抑圧を免れたものであるために不可欠な価値であるという理由である。より具体的に言えば、公共的価値の核心にあるのは、市民的な権利（civil rights）、政治的な権利（political rights）、社会的な権利（social rights）として法的に保障される一群の基本的な諸自由とそれを実効的に行使・享受しうるために必要となる生活条件である。

この意味での公共的価値を市民に保障すべき制度は（国内では）憲法とそれにもとづく諸々の法律である（国際社会では国際法と人権規範である）。私たちは、それらの正統性を承認し、執行に際して必要となる強制力を認めることによって、同じ社会でともに生きていくことができる。したがって、こうした基本的な価値について何らかの政治的な主張を提起する際には、意思決定を導く最後の局面では、異なった価値観にコミットする他者もまた理解し、受容しうる理由を挙げてその主張を正当化することが求められる。

もし、自分たちだけの利害関心や価値観に沿った理由――すなわち公共的ではない理由――によって公共的価値を保障する制度が損なわれるなら、異なった者たちの共存を可能にしている条件そのものが危うくなる（ミャンマーの軍事クーデタやアメリカの議会襲撃などいまもこうした事態が生じている）。ほとんどの憲法は、その時々の多数意思によって、あるいは為政者の恣意によって左右されないような「防塁」をそなえているが、それが突破されることもありえないことではない。そこまで行かないとしても、ある種の解釈を通じて憲法の規範が事実上書き換えられていくおそれもある。異なった者たちの共存を可能にしている公共的価値が自動的に保存されるような仕組みは存在しないのである。

公共的価値はいま述べた基本的価値に尽きるわけではない。各人や各集団による私的な追求によっては十全には実現されえず、公共的な制度や政策によってはじめて実現される価値も公共的価値を構成している（こうした価値は「公共善 public goods」ないし「共通善 common goods」と呼ばれる）。感染症の拡大・蔓延や温暖化に起因するさまざまな自然災害を避けるためには、公共的な施策とそれへの市民の支持・協力が不可欠である。教育機会へのアクセスを保障し、その質を高めていくためにはやはり助成や規制などの公共的な対応が必要になるし、交通やライフラインなどまともと言える暮らしが成り立つための物質的な条件についても同様のことが言える。

そのうえで文化財の継承やスポーツの振興あるいは景観の保全などを公共的価値と認めるか否か、それらにどれだけの資源をあてるかは、公共の議論にもとづく意思形成・決定に依存する。限られた資源が何に向けられるべきかについては争いがありうるからである。

さらに、社会の資源をできるだけ効果的／効率的に用いることにも公共的価値が認められる。徴税や社会保険料の拠出などを通じて得られた資源は貴重であり、それを無駄に費やすことは避けられなければならない。何らかの問題に対処する際、短期的な視点から見て効率的と思われる施策が中長期的には実効性を欠く場合もある。

このように私たちが共有する公共的価値にはいくつかの層があり、それに応じて実現する制度や政策も異なってくる（いま述べた道徳的価値、倫理的価値、実用的価値への公共的価値の区別は、『事実性と妥当』におけるハーバーマスのそれに従っている）。いずれの公共的価値についても、それを特定し、それをいかに擁護し、実現するかについては、公共の議論が成り立っていることが必要である。

第一章の冒頭で触れたように、そうした公共的コミュニケーションがいま成り立っているかについて言えば、残念ながら楽観を許さない状況にある。公共的な事柄への関心を共有し、制度を通じて互いに権力（強制力）を行使している事実をあらためて認識し、制度や政策を正当化する理由について相互の検討を行うコミュニケーションを取り戻していくことができるかどうかは、やはり私たちにかかっている。公共の関心事についていろいろな場で、また、さまざまな機会に語りあうことを通じて、私たちのコミュニケーションをまさに公共的につなげていくことができるだろうか。

参考文献

本文中では原題に忠実な訳で書名を掲げた。文献欄では刊行された訳書の書名を掲げる。

全　般

Swift, Adam. 2006. *Political Philosophy: A Beginners' Guide for Students and Politicians*, Polity. 有賀誠・武藤功訳『政治哲学への招待――自由や平等のいったい何が問題なのか?』風行社、二〇一一年。
井上達夫編　二〇〇六『公共性の法哲学』ナカニシヤ出版。
川崎修・杉田敦編　二〇二三『現代政治理論　新版補訂版』有斐閣。
大竹弘二　二〇一八『公開性の根源――秘密政治の系譜学』太田出版。
齋藤純一　二〇〇〇『公共性』岩波書店。
齋藤純一　二〇二〇『政治と複数性――民主的な公共性にむけて』岩波現代文庫。
齋藤純一　二〇一七『不平等を考える――政治理論入門』ちくま新書。
田村哲樹・松元雅和・乙部延剛・山崎望　二〇一七『ここから始める政治理論』有斐閣。
松元雅和　二〇二一『公共の利益とは何か――公と私をつなぐ政治学』日本経済評論社。
森川輝一　二〇〇四「公共性」、古賀敬太編著『政治概念の歴史的展開』第一巻、晃洋書房。
山岡龍一・齋藤純一編著　二〇一七『改訂版　公共哲学』放送大学教育振興会。
山岡龍一・大澤津編著　二〇二一『現実と向き合う政治理論』放送大学教育振興会。

第一章

Arendt, Hannah. 1977 (1961). *Between Past and Future*, Penguin Books. 引田隆也・齋藤純一訳『過去と未来の間』みすず書房、一九九四年。

Dewey, John. 1984 (1927). *The Public and its Problems, John Dewey The Later Works*, 1925–1953, vol. 2, Southern Illinois University Press. 阿部齊訳『公衆とその諸問題――現代政治の基礎』ちくま学芸文庫、二〇一四年、植木豊訳『公衆とその諸問題』、ハーベスト社、二〇一〇年。

Honig, Bonnie. 2017. *Public Things: Democracy in Disrepair*, Fordham University Press.

Fricker, Miranda. 2007. *Epistemic Injustice: Power and the Ethics of Knowing*, Oxford University Press. 佐藤邦政監訳・飯塚理恵訳『認識的不正義――権力は知ることの倫理にどのようにかかわるのか』勁草書房、二〇二三年。

Habermas, Jürgen. 2022. "Reflections and Hypotheses on a Further Structural Transformation of the Political Public Sphere," *Theory, Culture & Society*, vol. 39 (4), pp. 145–171.

Miller, David. 1995. *On Nationality*, Oxford University Press. 富沢克・長谷川一年・施光恒・竹島博之訳『ナショナリティについて』風行社、二〇〇七年。

Shklar, Judith. 1990. *The Faces of Injustice*, Yale University Press.

長谷部恭男　二〇一六『憲法の理性』東京大学出版会。

第二章

Kant, Immanuel. 1784. "Beantwortung der Frage: Was ist Aufklärung?" *Immanuel Kant Werkausgabe in zwölf Bänden*, Suhrkamp, Band XI, 1968. 福田喜一郎訳「啓蒙とは何か」、『カント全集14 歴史哲学論集』

岩波書店、二〇〇〇年。
Kant, Immanuel. 1793. “Über den Gemeinspruch: Das mag in der Theorie richtig sein, taut aber nicht für die Praxis.” 北尾宏之訳「理論と実践」、『カント全集14 歴史哲学論集』。
Kant, Immanuel. 1795. *Zum ewigen Frieden: Ein philosophischer Entwurf.* 遠山義孝訳「永遠平和のために」、『カント全集14 歴史哲学論集』。
Kant, Immanuel.1797. *Die Metaphysik der Sitten, Immanuel Kant Werkausgabe in zwölf Bänden*, Suhrkamp, Band Ⅷ, 1968. 樽井正義・池尾恭一訳『カント全集11 人倫の形而上学』岩波書店、二〇〇二年。
Dewey, John. 1984 (1927). *The Public and its Problems.*『公衆とその諸問題』。［第1章］
Heidegger, Martin. 2006. *Sein und Zeit*, Max Niemeyer Verlag. 熊野純彦訳『存在と時間』全四巻、岩波文庫、二〇一三年。
Kierkegaard, Søren. 1846. *Nutiden (fra〈En literair Anmeldelse〉).* 桝田啓三郎訳『現代の批判』岩波文庫、一九八一年。
Lippmann, Walter. 2004 (1922). *Public Opinion*, Dover Publications. 掛川トミ子訳『世論』上・下、岩波文庫、一九八七年。
Lippmann, Walter. 1925. *The Phantom Public*, Macmillan. 河崎吉紀訳『幻の公衆』柏書房、二〇〇七年。
Lippmann, Walter. 2010 (1955). *The Public Philosophy*, Transaction Publishers. 小林正弥監訳『リップマン公共哲学』勁草書房、二〇一三年。
Mill, John Stuart. 2015 (1859). *On Liberty, Utilitarianism and Other Essays*, Oxford University Press. 関口正司訳『自由論』岩波文庫、二〇二〇年。
Schmitt, Carl. 2003 (1923). *Die geistesgeschichtliche Lage des heutigen Parlamentarismus*, Duncker &

Humblot. 樋口陽一訳『現代議会主義の精神史的状況』岩波文庫、二〇一五年。
Schumpeter, Joseph. 2008 (1942). *Capitalism, Socialism and Democracy*, 3rd ed, Harper Colophon. 中山伊知郎・東畑精一訳『資本主義・社会主義・民主主義』東洋経済新報社、一九九五年。
網谷壮介　二〇一八『カントの政治哲学入門――政治における理念とは何か』白澤社。
金慧　二〇一七『カントの政治哲学――自律・言論・移行』勁草書房。

第三章

Arendt, Hannah. 2017 (1951). *The Origins of Totalitarianism*, Penguin Books. 大久保和郎・大島道義・大島かおり訳『全体主義の起原』全三巻、みすず書房、一九七二―七五年。
Arendt, Hannah. 1958. *The Human Condition*, University of Chicago Press. 志水速雄訳『人間の条件』ちくま学芸文庫、一九九四年。牧野雅彦訳『人間の条件』講談社学術文庫、二〇二三年。*Vita activa oder Vom tätigen Leben*, Piper, 1968. 森一郎訳『活動的生』みすず書房、二〇一五年。
Arendt, Hannah. 1965 (1963). *On Revolution*, Penguin Books. 志水速雄訳『革命について』ちくま学芸文庫、一九九五年、*Über die Revolution*, Piper. 森一郎訳『革命論』みすず書房、二〇二二年。
Arendt, Hannah. 1972. *Crises of the Republic*, Harcourt Brace Jovanovich. 山田正行訳『暴力について』みすず書房、二〇〇〇年。
Arendt, Hannah. 1982. *Lectures on Kant's Political Philosophy*, ed. by R. Beiner, University of Chicago Press. 浜田義文監訳『カント政治哲学の講義』法政大学出版局、一九八七年。
Arendt, Hannah. 1993. *Was ist Politik?: Fragmente aus dem Nachlaß*, Piper. 佐藤和夫訳『政治とは何か』岩波書店、二〇〇四年。

Habermas, Jürgen. 1990 (1962). *Strukturwandel der Öffentlichkeit: Untersuchungen zu einer Kategorie der bürgerlichen Gesellschaft*, Suhrkamp. 細谷貞雄・山田正行訳『第二版 公共性の構造転換』未來社、一九九四年。

Habermas, Jürgen. 1973. *Legitimationsprobleme im Spätkapitalismus*, Suhrkamp. 山田正行・金慧訳『後期資本主義における正統化の問題』岩波文庫、二〇一八年。

Habermas, Jürgen. 1981. *Theorie des kommunikativen Handelns*, Suhrkamp. 河上倫逸・M・フーブリヒト・平井俊彦ほか訳『コミュニケイション的行為の理論』全三巻、未來社、一九八五―八七年。

Habermas, Jürgen. 1992. *Faktizität und Geltung: Beiträge zur Diskurstheorie des Rechts und des demokratishcen Rechtsstaats*, Suhrkamp. 河上倫逸・耳野健二訳『事実性と妥当性』上・下、未來社、二〇〇二・二〇〇三年。

Habermas, Jürgen. 1996. *Die Einbeziehung des Anderen: Studien zur politischen Theorie*, Suhrkamp. 高野昌行訳『他者の受容――多文化社会の政治理論に関する研究』法政大学出版局、二〇〇四年。

Habermas, Jürgen. 2022. "Reflections and Hypotheses on a Further Structural Transformation of the Political Public Sphere." ［第１章］

Young-Bruehl, Elisabeth. 2004. *Hannah Arendt: For Love of the World*. Yale University Press. 大島かおり・矢野久美子・粂田文・橋爪大輝訳『ハンナ・アーレント――〈世界への愛〉の物語』みすず書房、二〇二一年。

川崎修　二〇一四『ハンナ・アレント』講談社学術文庫。

田村哲樹・加藤哲理編　二〇二〇『ハーバーマスを読む』ナカニシヤ出版。

日本アーレント研究会編　二〇二〇『アーレント読本』法政大学出版局。

矢野久美子　二〇一四『ハンナ・アーレント』中公新書。
藤原保信・三島憲一・木前利秋編　一九八七『ハーバーマスと現代』新評論。

第四章

Bentham, Jeremy. 1996 (1789). *An Introduction to the Principles of Morals and Legislation*. ed. by J.H. Burns and H.L.A. Hart, Oxford University Press. 中山元訳『道徳および立法の諸原理序説』上・下、ちくま学芸文庫、二〇二二年。
Goodin, Robert E. 1995. *Utilitarianism as a Public Philosophy*, Cambridge University Press.
Greene, Joshua. 2013. *Moral Tribes: Emotion, Reason, and the Gap Between Us and Them*, Penguin Press. 竹田円訳『モラル・トライブズ』上・下、岩波書店、二〇一五年。
Hare, R.M. 1981. *Moral Thinking: Its Levels, Method and Point*, Clarendon Press. 内井惣七・山内友三郎監訳『道徳的に考えること――レベル・方法・要点』勁草書房、一九九四年。
Lazari-Radek, Katarzyna de. and Peter Singer. 2017. *Utilitarianism: A Very Short Introduction*, Oxford University Press. 森村進・森村たまき訳『功利主義とは何か』岩波書店、二〇一八年。
Mill, John Stuart. 2015 (1859). *On Liberty*, in *On Liberty, Utilitarianism and Other Essays*. 関口正司訳『自由論』岩波文庫、二〇二〇年。
Mill, John Stuart. 2015 (1861). *Utilitarianism*, in *On Liberty, Utilitarianism and Other Essays*. 関口正司訳『功利主義』岩波文庫、二〇二一年。
Mill, John Stuart. 2015 (1869). *The Subjection of Women*, in *On Liberty, Utilitarianism and Other Essays*. 大内兵衛・大内節子訳『女性の解放』岩波文庫、一九五七年。

Nozick, Robert. 1974. *Anarchy, State, and Utopia*, Basic Books. 嶋津格訳『アナーキー・国家・ユートピア――国家の正当性とその限界』木鐸社、一九九二年。

Parfit, Derek. 1984. *Reasons and Persons*, Clarendon Press. 森村進訳『理由と人格――非人格性の倫理へ』勁草書房、一九九八年。

Rawls, John. 1971, 1999. *A Theory of Justice*, Harvard University Press. 川本隆史・福間聡・神島裕子訳『正義論　改訂版』紀伊國屋書店、二〇一〇年。

Schofield, Philip. 2009. *Bentham: A Guide for the Perplexed*, Continuum. 川名雄一郎・小畑俊太郎訳『ベンサム――功利主義入門』慶應義塾大学出版会、二〇一三年。

Sen, Amartya. 1987. *On Ethics and Economics*, Blackwell. 徳永澄憲・松本保美・青山治城訳『アマルティア・セン講義――経済学と倫理学』ちくま学芸文庫、二〇一六年。

Sen, Amartya. and Bernard Williams. ed. 1982. *Utilitarianism and beyond*, Cambridge University Press. 後藤玲子監訳『功利主義をのりこえて』ミネルヴァ書房、二〇一九年。

Singer, Peter. 1993. *Practical Ethics*, 2nd ed., Cambridge University Press. 山内友三郎・塚崎智監訳『実践の倫理　新版』昭和堂、一九九九年。

Singer, Peter. 2016. *Famine, Affluence, and Morality*, Oxford University Press. 児玉聡監訳『飢えと豊かさと道徳』勁草書房、二〇一八年。

Williford, Miriam. 1975. "Bentham on the Rights of Women," *Journal of the History of Ideas*, vol. 36 (1), pp. 167-176.

安藤馨　二〇〇七　『統治と功利――功利主義リベラリズムの擁護』勁草書房。

伊勢田哲治・樫則章編　二〇〇六　『生命倫理と功利主義』ナカニシヤ出版。

板井広明　二〇〇二「ベンサムにおける快楽主義の位相とマイノリティーの問題」、『社会思想史研究』二六号、六二―七四頁。
児玉聡　二〇一二『功利主義入門』ちくま新書。
森村進　二〇一八『幸福とは何か』ちくまプリマー新書。
若松良樹編　二〇一七『功利主義の逆襲』ナカニシヤ出版。

第五章

Bell, Duncan. 2014. "What Is Liberalism?" *Political Theory*, vol. 42 (6), pp. 682-715.
Forrester, Katrina. 2019. *In the Shadow of Justice*, Princeton University Press.
Freeden, Michael. 2015. *Liberalism: A Very Short Introduction*, Oxford University Press. 山岡龍一監訳・寺尾範野・森達也訳『リベラリズムとは何か』ちくま学芸文庫、二〇二一年。
Freeman, Samuel. ed. 2003. *The Cambridge Companion to Rawls*, Cambridge University Press.
Freeman, Samuel. 2007. *Rawls*, Routledge.
Mandle, Jon, David A. Reidy and Thomas Pogge. ed. 2014. *A Companion to Rawls*, Wiley-Blackwell.
Mandle, Jon. and Sarah Roberts-Cady. ed. 2020. *John Rawls: Debating the Major Questions*, Oxford University Press.
Rawls, John. 1971, 1999. *A Theory of Justice*,『正義論　改訂版』。［第四章］
Rawls, John. 1979. 田中成明編訳『公正としての正義』木鐸社、一九七九年。［日本で編集された論文集であり、『正義論』以前に出版された重要論文が網羅されている］

Rawls, John. 1993, 2005. *Political Liberalism*, Columbia University Press. 神島裕子・福間聡訳『政治的リベラリズム　増補版』筑摩書房、二〇二二年。

Rawls, John. 1999. *Collected Papers*. ed. by Samuel Freeman. Harvard University Press.

Rawls, John. 2001. *Justice as Fairness: A Restatement*. ed. by Erin Kelly. Harvard University Press. 田中成明・亀本洋・平井亮輔訳『公正としての正義 再説』岩波現代文庫、二〇二〇年。

Rawls, John. 2000. *Lectures on the History of Moral Philosophy*. ed. by Barbara Herman. Harvard University Press. 坂部恵監訳『ロールズ哲学史講義』上・下、みすず書房、二〇〇五年。

Rawls, John. 2007. *Lectures on the History of Political Philosophy*. ed. by Samuel Freeman. Harvard University Press. 齋藤純一・佐藤正志・山岡龍一・谷澤正嗣・髙山裕二・小田川大典訳『ロールズ政治哲学史講義』Ⅰ・Ⅱ、岩波現代文庫、二〇二〇年。

Wall, Steven. ed. 2015. *The Cambridge Companion to Liberalism*, Cambridge University Press.

Weithman, Paul. 2010. *Why Political Liberalism?: On John Rawls's Political Turn*, Oxford University Press.

Weithman, Paul. ed. 2023. *Rawls's A Theory of Justice at 50*, Cambridge University Press.

井上彰編　二〇一八『ロールズを読む』ナカニシヤ出版。

井上達夫　一九八六『共生の作法――会話としての正義』創文社。

井上達夫　一九九九『他者への自由――公共性の哲学としてのリベラリズム』創文社。

川本隆史　一九九四『現代倫理学の冒険――社会理論のネットワーキングへ』創文社。

川本隆史　一九九七『ロールズ――正義の原理』講談社。

亀本洋　二〇一二『格差原理』成文堂。

齋藤純一・田中将人　二〇二一　『ジョン・ロールズ――社会正義の探究者』中公新書。
盛山和夫　二〇〇六　『リベラリズムとは何か――ロールズと正義の論理』勁草書房。
田中将人　二〇一七　『ロールズの政治哲学――差異の神義論＝正義論』風行社、二〇一七年。
福間聡　二〇一四　『「格差の時代」の労働論――ジョン・ロールズ『正義論』を読み直す』現代書館。
谷澤正嗣　二〇〇〇　「ジョン・ロールズ『政治的リベラリズム』をめぐる批判――安定性の追求とそのコスト」、『早稲田政治経済学雑誌』三四一号、三六七―四〇二頁。
谷澤正嗣　二〇一九　「リベラリズムの現在」、社会思想史学会編『社会思想史事典』丸善、六五〇―六五一頁。

第六章

Brennan, Jason. 2012. *Libertarianism*, Oxford University Press.
Friedman, Milton. 2020 (1962). *Capitalism and Freedom*, The University of Chicago Press. 村井章子訳『資本主義と自由』日経ＢＰクラシックス、二〇〇八年。
Hayek, Friedrich. 2007 (1944). *The Road to Serfdom*, The University of Chicago Press. 村井章子訳『隷従への道』日経ＢＰクラシックス、二〇一六年。
Hayek, Friedrich. 2011 (1960). *The Constitution of Liberty*, The University of Chicago Press. 気賀健三・古賀勝次郎訳『自由の条件Ⅰ――自由の価値』春秋社、二〇二一年、気賀健三・古賀勝次郎訳『自由の条件Ⅱ――自由と法』春秋社、二〇二一年、気賀健三・古賀勝次郎訳『自由の条件Ⅲ――福祉国家における自由』春秋社、二〇二一年。
Hayek, Friedrich. 1966. "The Principles of a Liberal Social Order," *Il Politico*, vol. 31 (4), pp. 601-618. 田総恵子訳「自由主義社会の秩序はどうあるべきか」、山中優監訳『政治学論集』、六七―九三頁。

Hayek, Friedrich. 1978. "Liberalism," in Hayek, Friedrich. *New Studies in Philosophy, Politics, Economics, and the History of Ideas*, Routledge & Kegan Paul, pp. 119-151. 田総恵子訳「自由主義——その歴史と体系」、山中優監訳『政治学論集』、一一九—一五八頁。

Hayek, Friedrich. 2022 (1982). *Law, Legislation and Liberty*, Routledge. 矢島鈞次・水吉俊彦訳『法と立法と自由Ⅰ——ルールと秩序』春秋社、二〇〇七年、篠塚慎吾訳『法と立法と自由Ⅱ——社会正義の幻想』春秋社、二〇〇八年、渡部茂訳『法と立法と自由Ⅲ——自由人の政治的秩序』春秋社、二〇〇七年。

Hayek, Friedrich. 1988. *The Fatal Conceit: The Errors of Socialism*, University of Chicago Press. 渡辺幹雄訳『致命的な思いあがり』春秋社、二〇〇九年。

Hayek, Friedrich. 2009. 山中優監訳『政治学論集』春秋社。［日本で編集された論文集］

Mack, Eric. 2018. *Libertarianism*, Polity.

Nozick, Robert. 1974. *Anarchy, State, and Utopia*.『アナーキー・国家・ユートピア』。［第四章］

Steger, Manfred B., and Ravi K. Roy. 2021. *Neoliberalism: A Very Short Introduction*, 2nd ed. Oxford University Press.

Wolff, Jonathan. 1991. *Robert Nozick: Property, Justice and the Minimal State*, Stanford University Press. 森村進・森村たまき訳『ノージック——所有・正義・最小国家』勁草書房、一九九三年。

Tomasi, John. 2012. *Free Market Fairness*, Princeton University Press.

von Platz, Jeppe. and John Tomasi. 2015. "Liberalism and Economic Liberty," in *The Cambridge Companion to Liberalism*.［第五章］

中山智香子　二〇一三『経済ジェノサイド——フリードマンと世界経済の半世紀』平凡社新書。

森村進　二〇〇一『自由はどこまで可能か——リバタリアニズム入門』講談社現代新書。

山中優　二〇〇七　『ハイエクの政治思想——市場秩序にひそむ人間の苦境』勁草書房。
渡辺幹雄　二〇〇六　『ハイエクと現代リベラリズム——「アンチ合理主義リベラリズム」の諸相』春秋社。
渡辺靖　二〇一九　『リバタリアニズム——アメリカを揺るがす自由至上主義』中公新書。

第七章

Chiappero Martinetti, E., Siddiq Osmani, and Mozaffar Qizilbash. 2021. *The Cambridge Handbook of the Capability Approach*. Cambridge University Press.
Claassen, Rutger. 2011. “Making Capability Lists: Philosophy versus Democracy,” *Political Studies*, vol. 59 (3), pp. 491–508.
Claassen, Rutger. 2021. “Selecting a List: The Capability Approach's Achilles Heel,” in *The Cambridge Handbook of the Capability Approach*.
Cornell, Drucilla. 2004. *Defending Ideals: War, Democracy, and Political Struggles*, Routledge. 仲正昌樹ほか訳『〝理想〟を擁護する』作品社、二〇〇八年。
Cudd, Ann E. 2014. “Commitment as Motivation: Amartya Sen's Theory of Agency and the Explanation of Behaviour,” *Economics & Philosophy*, vol. 30 (1), pp. 35–56.
Nussbaum, Martha C. 2000. *Women and Human Development: The Capabilities Approach*, Cambridge University Press. 池本幸生・田口さつき・坪井ひろみ訳『女性と人間開発』岩波書店、二〇〇五年。
Nussbaum, Martha C. 2006. *Frontiers of Justice: Disability, Nationality, Species Membership*, Harvard University Press. 神島裕子訳『正義のフロンティア』法政大学出版局、二〇一二年。
Nussbaum, Martha C. 2011. *Creating Capabilities: The Human Development Approach*, Harvard University

Press.
Sen, Amartya. 1970. *Collective Choice and Social Welfare*, Holden-Day. 志田基与師監訳『集合的選択と社会的厚生』勁草書房、二〇〇〇年。
Sen, Amartya. 1977. "Rational Fools: A Critique of the Behavioral Foundations of Economic Theory," *Philosophy & Public Affairs*, vol. 6 (4), pp. 317-344. 大庭健・川本隆史訳「合理的な愚か者」、『合理的な愚か者——経済学＝倫理学的探究』勁草書房、一九八九年。
Sen, Amartya. 1981. *Poverty and Famines: An Essay on Entitlement and Deprivation*, Clarendon Press. 黒崎卓・山崎幸治訳『貧困と飢饉』岩波現代文庫、二〇一七年。
Sen, Amartya. 1985. *Commodities and Capabilities*, North-Holland. 鈴村興太郎訳『福祉の経済学——財と潜在能力』岩波書店、一九八八年。
Sen, Amartya. 1987. *On Ethics and Economics*.『経済学と倫理学』。［第四章］
Sen, Amartya. 1997. *On Economic Inequality*, expanded edition by J. E. Foster and A. Sen, Clarendon Press. 鈴村興太郎・須賀晃一訳『不平等の経済学』東洋経済新報社、二〇〇〇年。
Sen, Amartya. 1995. *Inequality Reexamined*, Harvard University Press. 池本幸生・野上裕生・佐藤仁訳『不平等の再検討——潜在能力と自由』岩波現代文庫、二〇一八年。
Sen, Amartya. 1999. *Development as Freedom*. Alfred A. Knopf. 石塚雅彦訳『自由と経済開発』日本経済新聞社、二〇〇〇年。
Sen, Amartya. 2004. "Capabilities, Lists, and Public Reason: Continuing the Conversation," *Feminist Economics*, vol. 10 (3), pp. 77-80.
Sen, Amartya. 2009. *The Idea of Justice*, Penguin Books. 池本幸生訳『正義のアイデア』明石書店、二〇一

一年。
Sen, Amartya. 2019. 谷澤正嗣訳「人権と私たちの義務」、『早稲田政治経済学雑誌』三九四号、九―一七頁。
Wolff, Jonathan. and Avner De-Shalit. 2007. *Disadvantage*, Oxford University Press.
絵所秀紀・山崎孝治編著　二〇〇四『アマルティア・センの世界――経済学と開発研究の架橋』晃洋書房。
後藤玲子　二〇〇二『正義の経済哲学――ロールズとセン』東洋経済新報社。
鈴村興太郎・後藤玲子　二〇〇一『アマルティア・セン――経済学と倫理学』実教出版株式会社。
若松良樹　二〇〇三『センの正義論――効用と権利の間で』勁草書房。
国連開発計画人間開発報告書ウェブサイト内"HDR Technical Notes"
https://hdr.undp.org/sites/default/files/2021-22_HDR/hdr2021-22_technical_notes.pdf

第八章

Anderson, Elizabeth. 1999. "What Is the Point of Equality?" *Ethics*, vol. 109 (2), pp. 287-337.
Anderson, Elizabeth. 2013. *The Imperative of Integration*, Princeton University Press.
Cohen, Gerald A. 2011. *On the Currency of Egalitarian Justice, and Other Essays in Political Philosophy*, ed. by Michael Otsuka, Princeton University Press.
Crisp, Roger. 2003. "Equality, Priority, and Compassion," *Ethics*, vol. 113 (4), pp. 745-763.
Dworkin, Ronald. 1977. *Taking Rights Seriously*, Bloomsbury. 木下毅・小林公・野坂泰司訳『権利論　増補版』木鐸社、二〇〇三年。
Dworkin, Ronald. 2000. *Sovereign Virtue: The Theory and Practice of Equality*, Harvard University Press.

小林公・大江洋・高橋秀治・高橋文彦訳『平等とは何か』木鐸社、二〇〇二年。
Frankfurt, Harry. 2015. *On Inequality*, Princeton University Press. 山形浩生訳『不平等論――格差は悪なのか？』筑摩書房、二〇一六年。
Hirose, Iwao. 2015. *Egalitarianism*, Routledge. 齊籐拓訳『平等主義の哲学――ロールズから健康の分配まで』勁草書房、二〇一六年。
Milanovic, Branko. 2016. *Global Inequality: A New Approach for the Age of Globalization*, Belknap Press. 立木勝訳『大不平等――エレファントカーブが予測する未来』みすず書房、二〇一七年。
Parfit, Derek. 1984. *Reasons and Persons*.『理由と人格』。［第四章］
Piketty, Thomas. 2013. *Le Capital au XXIe siècle*, Seuil. 山形浩生・守岡桜・森本正史訳『21世紀の資本』みすず書房、二〇一四年。
Putnam, Robert. 2015. *Our Kids: The American Dream in Crisis*, Simon & Schuster. 柴内康文訳『われらの子ども――米国における機会格差の拡大』創元社、二〇一七年。
Rawls, John. 1971, 1999. *A Theory of Justice*.『正義論　改訂版』。［第四章］
Rawls, John. 2005 (1993). *Political Liberalism*.『政治的リベラリズム』。［第五章］
Rawls, John. 2001. *Justice as Fairness: A Restatement*.［第五章］
Scanlon, Thomas Michael. 2018. *Why Does Inequality Matter?* Oxford University Press.
Sen, Amartya. 1995. *Inequality Reexamined*.『不平等の再検討』。［第七章］
Tan, Kok-Chor. 2012. *Justice, Institutions, and Luck: The Site, Ground, and Scope of Equality*, Oxford University Press.

Young, Iris Marion. 1990. *Justice and the Politics of Difference*, Princeton University Press. 飯田文雄・苅田真司・田村哲樹監訳『正義と差異の政治』法政大学出版局、二〇二〇年。
阿部崇史・石田柊・宮本雅也 二〇二二「関係論的平等主義の再出発――「分断か社会関係か」を越えて」、『法と哲学』八号、二一三―二四一頁。
木部尚志 二〇一五『平等の政治理論――〈品位ある平等〉にむけて』風行社。
広瀬巌編・監訳 二〇一八『平等主義基本論文集』勁草書房。〔E・アンダーソン、R・アーネソン、D・パーフィット、R・クリスプらの論文を所収〕
森悠一郎 二〇一九『関係の対等性と平等』弘文堂。

第九章

Atkinson, A. B. 1995. *Incomes and the Welfare State: Essays on Britain and Europe*, Cambridge University Press. 丸山冷史訳『福祉国家論――所得分配と現代福祉国家論の課題』晃洋書房、二〇一八年。
Beveridge, W. H. B. 1942. *Social Insurance and Allied Services: Report by Sir William Beveridge*, His Majesty's Stationery Office. 一圓光彌ほか訳『ベヴァリッジ報告――社会保険および関連サービス』法律文化社、二〇一四年。
Castles, Francis G. et al. ed. 2010. *The Oxford Handbook of the Welfare State*, Oxford University Press.
Coote, Anna. and Andrew Percy. 2020. *The Case for Universal Basic Services*, Polity.
Garland, David. 2016. *The Welfare State: A Very Short Introduction*, Oxford University Press. 小田透訳『福祉国家――救貧法の時代からポスト工業社会へ』白水社、二〇二一年。
Murphy, Liam. and Thomas Nagel 2002. *The Myth of Ownership*, Oxford University Press. 伊藤恭彦訳『税

と正義』名古屋大学出版会、二〇〇六年。
Parijs, Philippe van. 1995. *Real Freedom for All: What (If Anything) Can Justify Capitalism?* Oxford University Press. 後藤玲子・齊藤拓訳『ベーシック・インカムの哲学――すべての人にリアルな自由を』勁草書房、二〇〇九年。
Pettit, Philip. 1997. *Republicanism: A Theory of Freedom and Government*, Oxford University Press.
Social Prosperity Network. 2017. *Social Prosperity for the Future: A proposal for Universal Basic Service*, University College London.
Young, Iris Marion. 2013. *Responsibility for Justice*, Oxford University Press. 岡野八代・池田直子訳『正義への責任』岩波現代文庫、二〇二二年。
市野川容孝　二〇〇六『社会』岩波書店。
大沢真理　二〇〇五「逆機能する日本の生活保障システム――社会保険の空洞化と少子高齢化」、『国際ジェンダー学会誌』三号、三五―六一頁。
大沢真理　二〇一四『生活保障のガバナンス――ジェンダーとお金の流れで読み解く』有斐閣。
小沢修司　二〇〇二『福祉社会と社会保障改革――ベーシック・インカム構想の新地平』高菅出版。
重田園江　二〇〇三『フーコーの穴』木鐸社。
重田園江　二〇一〇『連帯の哲学I――フランス社会連帯主義』勁草書房。
シーヴ、ケネス／デイヴィッド、スタサヴェージ　二〇一八　立木勝訳『金持ち課税――税の公正をめぐる経済史』みすず書房。
齋藤純一　二〇一七『不平等を考える』。［全般］

志賀信夫　二〇一三「ベーシック・インカムの理念と実現プロセス」、『経済理論』第五十巻三号、五三―六四頁。
志賀信夫　二〇一五「「参加所得」構想の検討」、『社会政策』第六巻第三号、九八―一〇九頁。
田中拓道　二〇一七『福祉政治史――格差に抗するデモクラシー』勁草書房。
日本経営者団体連盟　一九九五『新時代の「日本的経営」――挑戦すべき方向とその具体策』日本経営者団体連盟。
フーコー、ミシェル　一九八六　渡辺守章訳『生の歴史Ⅰ　知への意志』新潮社。
中村健吾　二〇一九「アクティベーション政策とは何か」、『日本労働研究雑誌』第六十一巻一二号、四―一六頁。
前田健太郎　二〇一九『女性のいない民主主義』岩波新書。
見田宗介　一九九六『現代社会の理論』岩波新書。
宮本太郎　二〇〇八『福祉政治――日本の生活保障とデモクラシー』有斐閣。
宮本太郎　二〇二一『貧困・介護・育児の政治――ベーシック・アセットの福祉国家へ』朝日新聞出版。
谷澤正嗣　二〇一二「デモクラシーにおける合意と抗争」、齋藤純一・田村哲樹編『アクセス デモクラシー論』日本経済評論社。
山森亮　二〇〇九『ベーシック・インカム入門――無条件給付の基本所得を考える』光文社新書。
ロザンヴァロン、ピエール　二〇〇六　北垣徹訳『連帯の新たなる哲学』勁草書房。

第十章

Ackerman, Bruce. and James S. Fishkin. 2005. *Deliberation Day*, Yale University Press. 川岸令和・谷澤正嗣・青山豊訳『熟議の日――普通の市民が主権者になるために』早稲田大学出版部、二〇一四年。
Bohman, James. and William Rehg. ed. 1997. *Deliberative Democracy: Essays on Reason and Politics*, MIT Press.
Brennan, Jason. 2016. *Against Democracy*, Princeton University Press. 井上彰ほか訳『アゲインスト・デモクラシー』上・下、勁草書房、二〇二二年。
Caplan, Bryan. 2007. *The Myth of the Rational Voter: Why Democracies Choose Bad Policies*, Princeton University Press. 永峯純一・奥井克美監訳『選挙の経済学――投票者はなぜ愚策を選ぶのか』日経ＢＰ社、二〇〇九年。
Christiano, Thomas. 2008. *The Constitution of Equality: Democratic Authority and Its Limits*, Oxford University Press.
Dahl, Robert A. 1998. *On Democracy*, Yale University Press. 中村孝文訳『デモクラシーとは何か』岩波書店、二〇〇一年。
Dryzek, John S. 2000. *Deliberative Democracy and Beyond: Liberals, Critics, Contestations*, Oxford University Press.
Fishkin, James S. 2009. *When the People Speak: Deliberative Democracy and Public Consultation*, Oxford University Press. 岩木貴子訳『人々の声が響き合うとき――熟議空間と民主主義』早川書房、二〇一一年。
Fishkin, James. S. and Peter Laslett. 2003. *Debating Deliberative Democracy*, Blackwell.
Gutmann, Amy. and Dennis Thompson. 2004. *Why Deliberative Democracy?* Princeton University Press.
Habermas, Jürgen. 1992. *Faktizität und Geltung*.『事実性と妥当性』。［第三章］

Habermas, Jürgen. 1996. *Die Einbeziehung des Anderen: Stüdien zur politischen Theorie*.『他者の受容』。[第三章]

Hamilton, Alexander., James Madison, and John Jay. 2003 (1891). *The Federalist*, ed. by Terence Ball. Cambridge University Press. 斎藤眞・中野勝郎（部分）訳『ザ・フェデラリスト』岩波文庫、一九九九年。

Keane, John. 2009. *The Life and Death of Democracy*, Simon & Schuster. 森本醇訳『デモクラシーの生と死』上・下、みすず書房、二〇一三年。

Locke, John. 1988 (1690). *Two Treatises of Government*, ed. with an introduction and notes by Peter Laslett. Cambridge University Press. 加藤節訳『統治二論』岩波文庫、二〇一〇年。

Manin, Bernard. 1997. *The Principles of Representative Government*, Cambridge University Press.

Mill, John Stuart. 2015 (1861). *Considerations on Representative Government*, in *On Liberty, Utilitarianism and Other Essays*, Oxford University Press. 関口正司訳『代議制統治論』岩波書店、二〇一九年。

Paine, Thomas. 1776. *Common Sense*, in *Political Writings*, ed. by Bruce Kuklick, Cambridge University Press, 1989. 小松春雄訳『コモン・センス』、『コモン・センス　他三篇』岩波文庫、一九七六年。

Riker, William H. 1988. *Liberalism Against Populism: A Confrontation Between the Theory of Democracy and the Theory of Social Choice*, Waveland Press. 森脇俊雅訳『民主的決定の政治学――リベラリズムとポピュリズム』芦書房、一九九一年。

Schumpeter, Joseph. 2008 (1942). *Capitalism, Socialism and Democracy*.『資本主義・社会主義・民主主義』。[第二章]

Somin, Ilya. 2013, 2016. *Democracy and Political Ignorance: Why Smaller Government Is Smarter*, Stanford University Press. 森村進訳『民主主義と政治的無知――小さな政府の方が賢い理由』信山社、二〇一六年。

Waldron, Jeremy. 1999. *Law and Disagreement*, Oxford University Press.
Walzer, Michael. 2004. *Politics and Passion*, Yale University Press. 齋藤純一・谷澤正嗣・和田泰一訳『政治と情念』風行社、二〇〇六年。
Young, Iris Marion. 2000. *Inclusion and Democracy*, Oxford University Press.
宇野重規『民主主義とは何か』講談社現代新書、二〇二〇年。
グレーバー、デヴィッド　二〇二〇　片岡大右訳『民主主義の非西洋起源について』以文社。
コンスタン、バンジャマン　二〇二〇　堤林剣・堤林恵訳『近代人の自由と古代人の自由　征服の精神と簒奪』岩波文庫。
坂井豊貴　二〇一五『多数決を疑う――社会的選択理論とは何か』岩波新書。
齋藤純一・田村哲樹編　二〇一二『アクセス デモクラシー論』日本経済評論社。
篠原一編　二〇一二『討議デモクラシーの挑戦――ミニ・パブリックスが拓く新しい政治』岩波書店。
サンスティーン、キャス　二〇一二　那須耕介編・監訳『熟議が壊れるとき――民主政と憲法解釈の統治理論』勁草書房。
田中愛治編　二〇一八『熟議の効用、熟慮の効果』勁草書房。
田村哲樹　二〇〇八『熟議の理由――民主主義の政治理論』勁草書房。
橋場弦　二〇二二『古代ギリシアの民主政』岩波新書。
早川誠　二〇一四『代表制という思想』風行社。
トクヴィル、アレクシ・ド　松本礼二訳『アメリカのデモクラシー』一・二、岩波文庫、二〇〇五、二〇〇八年。
三上直之　二〇二二『気候民主主義』岩波書店。

谷澤正嗣　二〇一四「訳者解説」、アッカマン／フィシュキン『熟議の日――普通の市民が主権者になるために』早稲田大学出版部、三一三―三二七頁。
山本圭　二〇二一『現代民主主義』中公新書。
「エネルギー・環境の選択肢に関する討論型世論調査」
https://www.cas.go.jp/jp/seisaku/npu/kokumingiron/dp/index.html

第十一章

Ackerman, Bruce and James S. Fishkin. 2005. *Deliberation Day*.『熟議の日』。［第十章］

Brennan, Jason. 2016. *Against Democracy*, Princeton University Press.『アゲインスト・デモクラシー』。［第十章］

Cohen, Joshua. 2009. *Philosophy, Politics, Democracy: Selected Essays*, Harvard University Press.

Dryzek, John S. 2000. *Deliberative Democracy and Beyond*.［第十章］

Estlund, David. 2009. *Democratic Authority: A Philosophical Framework*, Princeton University Press.

Guerrero, Alexander. 2014. “Against Elections: The Lottocratic Alternative,” *Philosophy & Public Affairs*, vol. 42 (2), pp. 135–178.

Hong, Lu. and Scott Page. 2004. “Groups of Diverse Problem Solvers Can Outperform Groups of High-Ability Problem Solvers,” *Proceedings of the National Academy of Sciences of the United States of America*, vol. 101 (46), pp. 16385–16389.

Kobayashi, Takuto. 2023. *On Justifying Political Procedures: A Comparative Investigation into Theories of Procedural Values*, Doctoral Dissertation. Unpublished.

Lafont, Cristina. 2022. *Democracy without Shortcuts: A Participatory Conception of Deliberative Democracy*, Oxford University Press.
Laclau, Ernesto. 2005. *On Populist Reason*, Verso. 澤里岳史・河村一郎訳『ポピュリズムの理性』明石書店、二〇一八年。
Landemore, Hélène. 2013. *Democratic Reason: Politics, Collective Intelligence, and the Rule of the Many*, Princeton University Press.
Manin, Bernard. 1997. *The Principles of Representative Government*. ［第十章］
Mansbridge, Jane. 2003. "Rethinking Representation," *American Political Science Review*, vol. 97 (4), pp. 515-528.
Mill, John Stuart. 2015 (1861). *Considerations on Representative Government*.『代議制統治論』。［第十章］
Mounk, Yascha. 2018. *The People vs. Democracy: Why Our Freedom Is in Danger and How to Save It*, Harvard University Press. 吉田徹訳『民主主義を救え！』岩波書店、二〇一九年。
Mouffe, Chantal. 2018. *For a Left Populism*, Verso. 山本圭・塩田潤訳『左派ポピュリズムのために』明石書店、二〇一九年。
Mudde, Cas and Cristóbal R. Kaltwasser. 2017. *Populism: A Very Short Introduction*, Oxford University Press. 永井大輔・髙山裕二訳『ポピュリズム——デモクラシーの友と敵』白水社、二〇一八年。
Müller, Jan-Werner. 2016. *What is Populism?* University of Pennsylvania Press. 板橋拓己訳『ポピュリズムとは何か』岩波書店、二〇一七年。
Pitkin, Hanna F. 1967. *The Concept of Representation*, University of California Press. 早川誠訳『代表の概念』名古屋大学出版会、二〇一七年。

Saward, Michael. 2010. *The Representative Claim*, Oxford University Press.
Van Reybrouk, David, 2013. *Tegen Verkiezingen*, De Bezige Bij. 岡崎晴輝、ディミトリ・ヴァンオーヴェルベーク訳『選挙制を疑う』法政大学出版局、二〇一九年。
Waldron, Jeremy. 1999. *The Dignity of Legislation*, Cambridge University Press. 長谷部恭男・愛敬浩二・谷口功一訳『立法の復権——議会主義の政治哲学』岩波書店、二〇〇三年。
水島治郎　二〇一六『ポピュリズムとは何か』中公新書。
山口晃人　二〇二〇「ロトクラシー——籤に基づく代表制民主主義の検討」、『政治思想研究』第二〇号、三五九—三九二頁。

第十二章

Cornell, Drucilla. 1998. *At the Heart of Freedom: Feminism, Sex and Equality*, Princeton University Press. 石岡良治ほか訳『自由のハートで』情況出版、二〇〇一年。
Gilligan, Carol. 1982, 1993. *In a Different Voice: Psychological Theory and Women's Development*, Harvard University Press. 川本隆史・山辺恵理子・米典子訳『もうひとつの声で——心理学の理論とケアの倫理』風行社、二〇二二年。
Hartmann, Heidi I. 1979. "The Unhappy Marriage of Marxism and Feminism: Towards a More Progressive Union," *Capital & Class*, vol. 3 (2), pp. 1-33.
Kittay, Eva Feder. 1999, 2019. *Love's Labor: Essays on Women*. 岡野八代・牟田和恵監訳『愛の労働あるいは依存とケアの正義論』白澤社、二〇一〇年。
Mill, John Stuart. 2015 (1861). *Considerations on Representative Government*.『代議制統治論』。［第十章］

Mill, John Stuart. 2015 (1869). *The Subjection of Women*.『女性の解放』。［第四章］

Nussbaum, Martha C. 2006. *Frontiers of Justice: Disability*.『正義のフロンティア』。［第七章］

Okin, Susan Moller. 1989. *Justice, Gender, and the Family*, Basic Books. 山根純佳・内藤準・久保田裕之訳『正義・ジェンダー・家族』岩波書店、二〇一三年。

Tronto, Joan C. 2015. *Who Cares?: How to Reshape a Democratic Politics*, Cornell Selects. 岡野八代訳・著『ケアするのは誰か?』白澤社、二〇二〇年。

Zerilli, Linda M. G. 2015. "Feminist Critiques of Liberalism," in *The Cambridge Companion to Liberalism*. ［第五章］

上野千鶴子　二〇〇九『家父長制と資本制——マルクス主義フェミニズムの地平』岩波現代文庫。

上野千鶴子　二〇一五『差異の政治学　新版』岩波現代文庫。

大塩まゆみ　二〇一七「女性の貧困——日本の現状と課題」、『人間福祉学研究』第十巻一号、三七—五一頁。

岡野八代　二〇一二『フェミニズムの政治学』みすず書房。

岡野八代　二〇二四『ケアの倫理——フェミニズムの政治思想』岩波新書。

加藤秀一　二〇一七『はじめてのジェンダー論』有斐閣。

千田有紀・中西祐子・青山薫　二〇一三『ジェンダー論をつかむ』有斐閣。

前田健太郎　二〇一九『女性のいない民主主義』。［第九章］

三浦まり　二〇二三『さらば、男性政治』岩波新書。

朝日新聞二〇二三年二月十八日朝刊。

内閣府ウェブサイト内「家事活動等の評価及び関連翻訳の公表について」https://www.esri.cao.go.jp/jp/

sna/sonota/satellite/roudou/contents/kajikatsudou_181213.html
独立行政法人労働政策研究・研修機構ウェブサイト内「第5回（２０１８）子育て世帯全国調査結果速報」
https://www.jil.go.jp/press/documents/20191017.pdf
厚生労働省ウェブサイト内「令和３年賃金構造基本統計調査　結果の概況」
https://www.mhlw.go.jp/toukei/itiran/roudou/chingin/kouzou/z2021/dl/01.pdf
男女共同参画局ウェブサイト内「男女共同参画に関する国際的な指数」
https://www.gender.go.jp/international/int_syogaikoku/int_shihyo/index.html
男女共同参画局ウェブサイト内「パンフレット 諸外国における政治分野の男女共同参画のための取組」
https://www.gender.go.jp/policy/seijibunya/pdf/pamphlet.pdf
男女共同参画局ウェブサイト内「男女共同参画白書令和４年版　第１節　就業」
https://www.gender.go.jp/about_danjo/whitepaper/r04/zentai/html/honpen/b1_s02_01.html

第十三章

Beitz, Charles. 1979. *Political Theory and International Relations*, Princeton University Press. 進藤榮一訳『国際秩序と正義』岩波書店、一九八九年。
Beitz, Charles. 2009. *The Idea of Human Rights*, Oxford University Press.
Bohman, James. 2007. *Democracy across Borders: From Dêmos to Dêmoi*, MIT Press.
Carens, Joseph. 2010. *Immigrants and the Right to Stay*, MIT Press. 横濱竜也訳『不法移民はいつ〈不法〉でなくなるのか――滞在時間から滞在権へ』白水社、二〇一七年。
Carens, Joseph. 2013. *The Ethics of Immigration*, Oxford University Press.

Dryzek, John. S. 2006. *Deliberative Global Politics*, Polity Press.
Forst, Rainer. 2007. *The Right to Justification: Elements of a Constructivist Theory of Justice*, Columbia University Press.
Held, David. 1995. *Democracy and the Global Order: From the Modern State to Cosmopolitan Governance*, Polity Press. 佐々木寛・遠藤誠治・小林誠・土井美徳・山田竜作訳『デモクラシーと世界秩序――地球市民の政治学』ＮＴＴ出版、二〇〇二年。
Ignatieff, Michael. 2001. *Human Rights as Politics and Idolatry*, Princeton University Press. 添谷育志・金田耕一訳『人権の政治学』風行社、二〇〇六年。
Jonas, Hans. 1979. *Das Prinzip Verantwortung: Versuch einer Ethik für die technologische Zivilisation*, Insel Verlag. 加藤尚武監訳『責任という原理――科学技術文明のための倫理学の試み』東信堂、二〇〇〇年。
MacAskill, William. 2016. *Doing Good Better: Effective Altruism and a Radical New Way to Make a Difference*, Guardian Faber Publishing. 千葉敏生訳『〈効果的な利他主義〉宣言！――慈善活動への科学的アプローチ』みすず書房、二〇一八年。
Miller, David. 2007. *National Responsibility and Global Justice*, Oxford University Press. 富沢克ほか訳『国際正義とは何か――グローバル化とネーションとしての責任』風行社、二〇一一年。
O'Neill, Onora. 2000. *Bounds of Justice*, Cambridge University Press. 神島裕子訳『正義の境界』みすず書房、二〇一六年。
Pogge, Thomas. 2002. *World Poverty and Human Rights*, Polity Press. 立岩真也監訳『なぜ遠くの貧しい人への義務があるのか――世界的貧困と人権』生活書院、二〇一〇年。

Rawls, John. 1999. *The Law of Peoples: with "The Idea of Public Reason Revisited,"* Harvard University Press. 中山竜一訳『万民の法』岩波現代文庫、二〇二二年。
Shachar, A. and R. Hirschl, 2007. "Citizenship as Inherited Property," *Political Theory*, vol. 35 (3), pp. 253-87.
Young, Iris Marion. 2013. *Responsibility for Justice*. 『正義への責任』。〔第九章〕
Scheffler, Samuel. 2018. *Why Worry about Future Generations?* Oxford University Press.
Shue, Henry. 1999. *Basic Rights: Subsistence, Affluence, and U. S. Foreign Policy*, Princeton University Press. 馬渕浩二訳『基本権——生存・豊かさ・合衆国の外交政策』法政大学出版局、二〇二三年。
Singer, Peter. 2016. *The Most Good You Can Do: How Effective Altruism Is Changing Ideas About Living Ethically*, Yale University Press. 関美和訳『あなたが世界のためにできるたったひとつのこと——〈効果的な利他主義〉のすすめ』ＮＨＫ出版、二〇一五年。
井上達夫　二〇一二『世界正義論』筑摩選書。
上原賢司　二〇一七『グローバルな正義——国境を越えた分配的正義』風行社。
押村高　二〇一〇『国際政治思想——生存・秩序・正義』勁草書房。
木山幸輔　二〇二二『人権の哲学——基底的価値の探究と現代世界』東京大学出版会。
千葉眞　二〇二二『資本主義・デモクラシー・エコロジー——危機の時代の「突破口」を求めて』筑摩選書。
モーリス＝スズキ、テッサ　二〇〇五　伊藤茂訳「冷戦と戦後入管体制の形成」、『前夜』三号、六一—七六頁。
山田祥子　二〇二二『グローバルな正義と民主主義——実践に基づいた正義論の構想』勁草書房。

「自助・共助・公助」という言葉がある。菅義偉前首相が施政方針演説でも言及したので、聞き覚えのある人も多いだろう。まずは、自分で努力を重ね自分で生計を立てるのが基本、次いで、自分だけで立ち行かない場合は、家族をはじめ親族、地域や職場などから助力を得て対処する、最後に、それでもダメならセーフティネットによる公的な救済を求める、というのがこの言葉の理解としては自然だろう（社会保険制度を公助ではなく共助として位置づける厚生労働省の用法もある）。

「自助・共助・公助」には明らかな優先順位があり、まずは自助努力で何とかしてほしいというのがこの言葉の発するメッセージである。そして、公的なものにはできるだけ負荷をかけてほしくないという一方の要求と、共助も公助も当てにはならないから自分で頑張るほかはないという他方の「覚悟」とが結びつく。こうして、公助に頼るのは、自助に失敗し、共助も得られな懸命に努力を重ねてきたことの証だという自己了解も成り立ちやすくなる。

しかし、そもそも自助ができる立場にたてるかどうか、支配を伴わない安定した共助が得られるかどうかは、本書でも見たように、さまざまな偶然によって左右されている。生まれながらの才能がいまの社会の価値評価にマッチしやすいかどうか、どれだけの資本――物的資本／社会関係資本／文化資本――をそなえた家庭で育ったのか、などなど。そして、もちろん、社会にどのような公助の仕組みがあるかも、自助や共助のあり方に影響を及ぼしている。この社会でいま「自助」だけで子どもを産み、育てあげようというのであれば、相当の覚悟がいるはずである。

公共哲学は、自助や共助を軽んじ、「公共」を称揚するための学問ではない。それが問おうとするのは、そもそも自助はどのような共助・公助によって成り立っているのか、偶然ゆえの有利‐不利に現行の制度や規範はどのように応じているか、自分がたまたま不利な立場にあったとしても受け入れられる制度があるとしたら、それはどのようなものか、そして、そもそも有利‐不利はどのような価値評価に沿った制度や慣行によってつくりだされているのか、といった一連の問いである。

こういった問いにあらかじめ正答が用意されているわけではない。その答えを、協働して、しかし競い合いながら探究するのが公共哲学である。本書には、これまでどのような探究がなされてきたかのいくつかの代表的な例が挙げられている。

本書は、公共哲学の教科書として編まれたものである。筆者ふたりは、この五年ほど、早稲田大学政治経済学部で、政治学科・経済学科・国際政治経済学科共通の必修科目「公共哲学（政治）」の講義を担当してきた。授業のシラバスを共有し、毎回の授業でもほぼ同内容の資料やスライドを用い、随時更新もはかってきた。本書は、一部を除いて、その授業内容に沿っている。かなりのボリュームがある資料（主にテキストの抜粋）を本書に含めることはできなかったが、参考文献はこれからの探究の便宜を考え、あまり絞り込まずに付すことにした。

この本は、直接にはこの講義で用いる教科書として書かれたものだが、内容は、広く多くの読者にも読んでいただけるものになっていると確信している。二〇二二年度から「公共」という科目が高校の授業に必修の科目として設けられた（二年次までに学ぶことになっている）。込み入った記述を避け、専門的な用語には簡単ながらも説明を付したので、科目「公共」についてより広く、より深く学んでみたいという関心をもった高校生の皆さんにも本書をぜひ手に取ってほしいと願っている。

本書では、はじめに、第一章、第二章、第三章、第八章、第十一章、第十三章、おわりにを齋藤が、第四章、第五章、第六章、第七章、第九章、第十章、第十二章を谷澤が担当した。内容については特段の調整を要しなかったが、互いの最終稿について意見を交換し、表記を統一するとともに記述の改善をはかった。いずれ機会を得て、本書を更新したいと考えている。読者の皆さんからご指摘、ご意見をいただければ幸いである。

「公共哲学（政治）」の講義に対して刺激的なコメントや質問を寄せてくれた受講生の皆さん、また筆者の質問や相談に気前よく応じてくれた同僚や大学院生の皆さんに感謝したい。NHKブックスの編集者、倉園哲さんには本書が成るプロセスを通じて本当にお世話になった。新年度が近づくタイトな日程のなかでも、粗さの残る記述や説明を補うべきところを的確に指摘してくれた。本書が理解しやすいものになっているとすれば、それは倉園さんのおかげである。深くお礼を申し上げる。

二〇二三年早春

齋藤純一
谷澤正嗣

齋藤純一（さいとう・じゅんいち）
1958年生まれ。早稲田大学政治経済学部卒業、同大大学院政治学研究科博士課程単位取得退学。現在、早稲田大学政治経済学術院教授。専門は政治理論。
著書に『公共性』『自由』『政治と複数性——民主的な公共性にむけて』（以上、岩波書店）、『不平等を考える——政治理論入門』（ちくま新書）、共著に『ジョン・ロールズ——社会正義の探究者』（中公新書）など。

谷澤正嗣（やざわ・まさし）
1967年生まれ。早稲田大学政治経済学部卒業、同大大学院政治学研究科博士課程単位取得退学。現在、早稲田大学政治経済学術院准教授。専門はロールズ、現代政治理論。
共編著に『悪と正義の政治理論』（ナカニシヤ出版）、分担執筆に『現代政治理論』（有斐閣）、『憲法と政治思想の対話』（新評論）など。

***NHK** BOOKS* 1278

公共哲学入門
自由と複数性のある社会のために

2023年３月25日　第１刷発行
2024年４月15日　第４刷発行

著　者　齋藤純一・谷澤正嗣
発行者　松本浩司
発行所　NHK出版
東京都渋谷区宇田川町10-3　郵便番号150-0042
電話 0570-009-321（問い合わせ）　0570-000-321（注文）
ホームページ　https://www.nhk-book.co.jp
装幀者　水戸部 功
印　刷　三秀舎・近代美術
製　本　三森製本所

Printed in Japan　ISBN978-4-14-091278-2 C1331

NHK BOOKS

*政治・法律

国家論―日本社会をどう強化するか― 佐藤 優
マルチチュード―〈帝国〉時代の戦争と民主主義―(上)(下) アントニオ・ネグリ／マイケル・ハート
コモンウェルス―〈帝国〉を超える革命論―(上)(下) アントニオ・ネグリ／マイケル・ハート
ポピュリズムを考える―民主主義への再入門― 吉田 徹
「デモ」とは何か―変貌する直接民主主義― 五野井郁夫
権力移行―何が政治を安定させるのか― 牧原 出
国家緊急権 橋爪大三郎
自民党政治の変容 中北浩爾
未承認国家と覇権なき世界 廣瀬陽子
アメリカ大統領制の現在―権限の弱さをどう乗り越えるか― 待鳥聡史
ミャンマー「民主化」を問い直す―ポピュリズムを越えて― 山口健介
帝国日本と不戦条約―外交官が見た国際法の限界と希望― 柳原正治

*経済

生きるための経済学―〈選択の自由〉からの脱却― 安冨 歩
資本主義はどこへ向かうのか―内部化する市場と自由投資主義― 西部 忠
資本主義はいかに衰退するのか―ミーゼス、ハイエク、そしてシュンペーター― 根井雅弘

※在庫品切れの際はご容赦下さい。